Jakob Wetzel

FRIDAYS FOR FUTURE

Süddeutsche Zeitung Edition

© Süddeutsche Zeitung GmbH, München
für die Süddeutsche Zeitung Edition 2019

Projektleitung: Till Brömer, Sabine Sternagel
Gestaltung Cover: Dennis Schmidt
Gestaltung Inhalt: Sibylle Schug
Herstellung: Thekla Licht, Hermann Weixler
Druck- und Bindearbeiten: Westermann Druck Zwickau
Printed in Germany
ISBN: 978-3-86497-531-8

www.blauer-engel.de/uz195
· ressourcenschonend und
  umweltfreundlich hergestellt
· emissionsarm gedruckt
· überwiegend aus Altpapier

Dieses Druckprodukt ist mit dem Blauen Engel ausgezeichnet

Jakob Wetzel

FRIDAYS FOR FUTURE

Süddeutsche Zeitung Edition

Inhalt

1

EINE BEWEGUNG ENTSTEHT

Der 20. August 2018, der erste Schultag nach den schwedischen Sommerferien, ist ein milder Tag. Am Himmel über Stockholm ziehen Wolken vorbei, es wird nicht wärmer als 20 Grad Celsius, die brütende Hitze der vergangenen Wochen ist erst einmal überstanden. Greta Thunberg kommt an diesem Tag in die neunte Klasse. Sie zieht sich einen blauen Kapuzenpulli an und darüber eine rosafarbene Jacke, sie packt Schulbücher in ihren lila Rucksack und dazu eine kleine rote Trinkflasche. Doch die 15-Jährige geht an diesem Montag nicht zur Schule.

Greta Thunberg tritt an diesem Tag in einen Streik, der sie zu einer Ikone der Klimaschutzbewegung machen wird. Sie schwänzt, sie trotzt der Schulpflicht und boykottiert ihren Unterricht. Stattdessen zieht sie zum Reichstag, zum Sitz des schwedischen Parlaments, das in drei Wochen neu gewählt werden soll. Thunberg selbst darf noch nicht wählen, dafür ist sie noch zu jung, doch sie ist alt genug, um ihre Stimme zu erheben, um die anderen wachzurütteln und zu provozieren. Die Schülerin geht in die Riksgatan, jene belebte Fußgängerstraße, die zwischen den beiden Parlamentsgebäuden hindurchführt und die jeden Tag auch Politiker und Journalisten passieren; es gibt keinen besseren Ort in Stockholm, um aufzufallen. Dort setzt sich Thunberg auf den Steinboden. Neben sich lehnt sie ein Schild an die Wand, auf dem „Skolstrejk för klimatet" steht, „Schulstreik fürs Klima". Und vor sich legt sie Handzettel aus. „Wir Kinder machen nicht, was ihr uns sagt. Wir machen, was ihr tut", steht darauf auf Schwedisch. „Und weil ihr Erwachsenen auf meine Zukunft scheißt, mache ich das auch. Ich heiße Greta und gehe in die 9. Klasse. Und bis zum Wahltag bestreike ich die Schule für das Klima."

Die Schülerin meint es ernst. Am nächsten Morgen schwänzt Greta Thunberg erneut, statt in die Schule zu gehen, hockt sie wieder vor dem Reichstag. Am Tag danach: dasselbe. Drei Wochen lang demonstriert sie montags bis freitags vor dem schwedischen Parlament für mehr Klimaschutz. Und sie hört nicht auf. Am 8. September 2018, einen Tag vor der schwedischen Parlamentswahl, erklärt sie über den Kurznachrichtendienst Twitter, sie wolle weitermachen, zwar nicht mehr täglich, aber jeden Freitag, so lange, bis Schweden dem Pariser Klimaabkommen gerecht werde. Zugleich ruft Thunberg alle dazu auf, ihrem Beispiel zu folgen: Jeder müsse handeln, denn die Erwachsenen hätten die Jungen im Stich gelassen. Die Zeit dränge. Und Thunberg setzt das Motto: „Fridays for Future".

Seitdem ist etwas mehr als ein Jahr vergangen. Greta Thunberg ist mittlerweile 16 Jahre alt. Die junge Schwedin ist weder Wissenschaftlerin, noch hat sie ein politisches Mandat, und in ihrer Heimat darf sie immer noch nicht wählen. Doch um gehört zu werden, muss sie sich nicht mehr vor den Reichstag in Stockholm setzen. Die Erwachsenen hören ihr zu.

Im Dezember 2018 hat Greta Thunberg im Plenarsaal der Klimakonferenz der Vereinten Nationen im polnischen

Kattowitz gesprochen. Die Spitzenpolitiker verhielten sich wie Kinder, sagte sie dort; nun müsse die junge Generation die Verantwortung übernehmen. Angereist war die Schwedin gemeinsam mit ihrem Vater in einem Elektroauto. Im Januar 2019 fuhr sie dann mit dem Zug zum Weltwirtschaftsforum nach Davos, im Februar sprach sie vor dem Europäischen Wirtschafts- und Sozialausschuss, im April vor dem Umweltausschuss des Parlaments der Europäischen Union. Am 17. April 2019 traf sie Papst Franziskus auf dem Petersplatz in Rom, einen Gleichgesinnten. Der Pontifex hatte bereits 2015 in seiner Enzyklika „Laudato si'" zum Umdenken im Klima- und Umweltschutz aufgerufen. Im Mai 2019, nach ihrem Schulabschluss, kündigte Thunberg an, ein Jahr zu warten, bevor sie mit dem weiterführenden Gymnasium beginnen wolle. Sie wolle sich ganz dem Klimaschutz widmen, sagte sie – und die nächste Klimakonferenz der Vereinten Nationen im Dezember 2019 sei schließlich in Santiago de Chile. Da brauche sie Zeit für die Anreise, denn fliegen werde sie nicht.

Greta Thunberg, diese junge schwedische Schülerin mit dem Asperger-Syndrom, ist heute das Gesicht einer internationalen Jugendbewegung. Hunderttausende Schülerinnen und Schüler in allen Teilen der Welt haben sich ihrem Protest angeschlossen, nach ihrem Vorbild boykottieren sie Freitag für Freitag den Schulunterricht. Und begonnen hat all das in jenem August in Stockholm.

Damals saß Greta Thunberg am ersten Tag noch ganz alleine vor dem schwedischen Parlament. Doch schon am zweiten Tag gesellten sich andere zu ihr. Schülerinnen und Schüler setzten sich dazu, eine Mutter mit Kinderwagen, sogar Lehrer. Einer brachte ein Schild mit, auf dem „Lärarstrejk for klimatet" stand, „Lehrerstreik fürs Klima". Bereits am ersten Tag griffen auch die schwedischen Medien ihren Protest auf. Radio- und Fernsehreporter kamen, die Lokalausgabe der großen *Dagens Nyheter* widmete ihr eine Titelgeschichte. Die Erwachsenen würden über den Klimawandel immer nur reden, aber nicht handeln, klagte Thunberg hier: Es sei ihre moralische Pflicht, die Schule zu bestreiken. Und Thunberg traf einen Nerv, sie inspirierte Jugendliche in Stockholm, in anderen Städten, in anderen Ländern. In Dänemark, Norwegen und Finnland begannen Schülerinnen und Schüler, Woche für Woche den Schulunterricht zu boykottieren, ebenso in Frankreich und Spanien, in Großbritannien, Belgien und Österreich, in der Schweiz und in vielen weiteren Staaten. Im Dezember 2018 erreichte der Schulstreik Deutschland. In Australien gehen Jugendliche freitags auf die Straße, ebenso in Kanada. Es gab Proteste in den Vereinigten Staaten von Amerika sowie in Japan, selbst in Uganda, Syrien, Pakistan und Bangladesch. Und bis zum Redaktionsschluss dieses Buches Anfang August 2019 hat diese Bewegung auch nicht nachgelassen, im Gegenteil. Woche für Woche haben Schülerinnen und Schüler unter dem Motto „Fridays for Future" für mehr Klimaschutz demonstriert, in der Schulzeit ebenso wie während der Schulferien.

Und die Erwachsenen? Bei ihnen stießen die Jugendlichen nicht immer auf offene Ohren – oder auch nur auf Verständnis. Das Druckmittel, der Schulstreik, polarisiert. Die einen lobten die Schülerinnen und Schüler, zum Beispiel António Guterres, der portugiesische Generalsekretär der Vereinten Nationen. Die Jungen hätten etwas verstanden, das vielen Älteren offenbar entgehe: „Wir rennen um unser Leben, und wir verlieren", schrieb er im März

2019 in einem Gastbeitrag für den britischen *Guardian*. Die Proteste sollten die Politik dazu inspirieren, endlich entschlossen zu handeln.

Auf der anderen Seite warnte etwa in Australien der konservative Premierminister Scott Morrison die Schüler im November 2018, sie sollten gefälligst in die Schule gehen – und die Schulen sollten Schulen bleiben und nicht in Parlamente verwandelt werden. „Wir wollen in der Schule mehr Lernen und weniger Aktivismus!", rief er in einer Parlamentssitzung. Ähnlich äußerte sich im Februar 2019 die damalige britische Premierministerin Theresa May über die protestierenden Schülerinnen und Schüler. Statt von einem „Schulstreik" sprach sie schlicht vom „Schwänzen". Die Demonstranten würden wertvolle Unterrichtszeit verschwenden, ließ sie ihren Sprecher erklären. Angesichts des Klimawandels sollten die jungen Leute die Zeit lieber nutzen, „um zu Spitzenwissenschaftlern, Ingenieuren und Anwälten zu werden, die wir brauchen, um das Problem zu lösen".

Auch in Deutschland erhielten die streikenden Schülerinnen und Schüler ein zwiespältiges Echo. Die damalige Bundesjustizministerin Katarina Barley etwa zollte den Jugendlichen Respekt. Sie regte gar an, das Wahlalter auf 16 Jahre abzusenken, um die jüngere Generation in ihrem Engagement zu bestärken. Das Gros der Reaktionen aber war gönnerhaft. Häufig hieß es sinngemäß: Ja, grundsätzlich hätten die Jugendlichen natürlich Recht, der Klimaschutz sei wichtig, und wenn sich die junge Generation einmal nicht mit Smartphones und Schminktipps beschäftigen wolle, sondern mit Politik, dann sei das doch gut und lobenswert. Aber in Wahrheit sei die Sache eben kompliziert, und von Klimapolitik verstünden die Schüler ja doch nichts. Pointiert brachte diesen Gedanken FDP-Chef Christian

Lindner im März 2019 in einem Zeitungsinterview auf den Punkt: Man könne von Kindern und Jugendlichen nicht erwarten, dass sie globale Zusammenhänge sähen, sagte er. Das sei „eine Sache für Profis". Gemeint habe er damit nicht Politiker, sondern Ingenieure, Techniker und Ökonomen, erklärte er später, die Botschaft änderte sich dadurch aber nicht: Die Schülerinnen und Schüler, die da demonstrieren, die verstehen es nicht. Bundeskanzlerin Angela Merkel war freundlicher, dennoch bekamen die Demonstranten von ihr Ähnliches zu hören. Sie stellte sich zwar grundsätzlich hinter die Jugendlichen. „Ich unterstütze sehr, dass Schülerinnen und Schüler für den Klimaschutz auf die Straße gehen und dafür kämpfen", sagte die CDU-Politikerin und frühere Bundesumweltministerin zum Beispiel Anfang März 2019 in einem Videopodcast. „Ich glaube, dass das eine sehr gute Initiative ist." Doch was das Konkrete angehe, bitte sie um Verständnis. Gute Politik brauche Zeit, und das Problem sei eben komplex. Man müsse auch an die Wirtschaft denken, nicht nur ans Klima.

Wenige Wochen zuvor hatte Merkel auf der Münchner Sicherheitskonferenz Aufsehen erregt. Dort sprach sie unter anderem davon, dass Russland eine „hybride Kriegsführung" betreibe, gestützt auf Desinformationskampagnen und Propaganda im Internet. Diese sei schwer zu erkennen, „weil sie plötzlich Bewegungen haben, von denen sie gedacht haben, dass die nie auftreten". Und dann kam die Kanzlerin ausgerechnet auf die Proteste der Schülerinnen und Schüler für den Klimaschutz zu sprechen. „Das ist ein wirklich wichtiges Anliegen. Aber dass plötzlich alle deutschen Kinder, nach Jahren und ohne jeden äußeren Einfluss, auf die Idee kommen, dass man diesen Protest machen muss, das kann man sich auch nicht vorstellen", sagte sie. „Fridays for

Future" in einem Zusammenhang mit „hybrider Kriegsführung"? Vertreter der Schülerbewegung reagierten empört. Merkels Sprecher versuchte die Wogen mit dem Hinweis zu glätten, die Kanzlerin habe „Fridays for Future" nur als ein Beispiel für die große Mobilisierungskraft von Internetkampagnen erwähnt. Doch bei den Schülern blieb neben der Irritation auch der Eindruck haften, dass die deutsche Bundeskanzlerin nicht recht versteht, was die Schülerinnen und Schüler eigentlich plötzlich für ein Problem haben.

„Es bleibt die Tatsache, dass sie dafür die Schule schwänzen", schleuderte CDU-Chefin Annegret Kramp-Karrenbauer den Jugendlichen im März 2019 entgegen. Auch FDP-Chef Lindner legte nach. Es mache ihn „fassungslos, dass Schulschwänzen von manchen Politikern heiliggesprochen wird", sagte er im April 2019 in einem Zeitungsinterview. Die beiden sind nicht die Einzigen. Kritiker von „Fridays for Future" arbeiteten und arbeiten sich besonders gerne an der Schulpflicht ab, in Deutschland ebenso wie anderswo. Aus deren Sicht ist das geschickt: Wird einem Politiker Ignoranz und Untätigkeit im Klimaschutz vorgeworfen, so lässt sich mit einer Debatte ums Schwänzen der Spieß leicht umdrehen, denn die Rechtslage ist unstrittig und eindeutig. Wer in Deutschland trotz Schulpflicht dem Unterricht fernbleibt, der begeht eine Ordnungswidrigkeit. Und je mehr von „Schwänzen" und von „Strafarbeiten" die Rede ist, desto klarer scheint zu sein: Die Schüler, die da vorgeben, für ihre Zukunft zu kämpfen, verstoßen zuallererst einmal gegen Recht und Gesetz. Bevor man sie ernstnehme, müssten sie erst beweisen, dass es ihnen wirklich ums Klima gehe, nicht nur ums Schulschwänzen, schallte es den Schülerinnen und Schülern allerorten entgegen: Sie könnten ja zum Beispiel samstags demonstrieren statt freitags. Hinter vorgehaltener Hand lästerten Schulleiter, die „Fridays for Future"-Demos würden sich nach 13 Uhr, also nach dem regulären Schulschluss, schnell wieder auflösen. Zurückbleiben würden dann haufenweise leere Bierflaschen.

Einschüchtern ließen sich die Schülerinnen und Schüler davon freilich nicht, im Gegenteil. Sachsen-Anhalts Ministerpräsident Reiner Haseloff zum Beispiel hat das am eigenen Leib erfahren. Ende März pochte der CDU-Politiker in einer TV-Talkshow auf die Schulpflicht: Er habe seinen fünf Enkeln empfohlen, sich statt auf die Straße zu gehen lieber mit Physik, Meteorologie und Klimapolitik zu befassen, um sich für die Zukunft zu wappnen. Daraufhin musste er sich von der gerade 19 Jahre alt gewordenen Klimaaktivistin Therese Kah aus Dortmund anhören, er habe da ganz grundlegend etwas missverstanden. Der Zeitpunkt zu handeln sei jetzt. In 15 Jahren, wenn die Enkel zu Ingenieuren und Forschern geworden sein könnten, sei es für einen Kurswechsel in der Klimapolitik bereits zu spät.

Bundeswirtschaftsminister Peter Altmaier (CDU) erging es nicht anders. Im Januar 2019 wollte er sich den Demonstranten von „Fridays for Future" vor dem Berliner Bundesverkehrsministerium stellen. Doch die buhten ihn nicht nur aus, sondern kanzelten ihn ab. Er solle lieber wieder in sein Büro gehen: „Wir sind hier, weil Sie ihre Arbeit nicht ordentlich machen!"

Nach einem Jahr lässt sich vorsichtig bilanzieren: Die Bewegung hat sich etabliert. Die Schülerinnen und Schüler haben den Klimaschutz zwar nicht neu erfunden, doch es ist ihnen gelungen, ihn mit Wucht wieder ins Zentrum der öffentlichen Aufmerksamkeit zu rücken. Allzu lange hatte das Thema ein Schattendasein gefristet hinter anderen großen und kleinen politischen Krisen, in Deutschland etwa hinter der von Rechtsextremen forcierten Auseinandersetzung um die Verteilung von Flüchtlingen und um die Seenotrettung, hinter dem Chaos um den Brexit, hinter den Provokationen von Rechtspopulisten in Europa und in Nordamerika oder auch hinter dem nationalen Weltschmerz um das desaströse Ausscheiden der deutschen Herren-Fußball-Nationalmannschaft bei der Weltmeisterschaft 2018 in Putins Russland. Nun aber ist der Klimaschutz als Thema zurück. Und die jungen Demonstranten haben ihn nicht einfach nur erneut auf die Tagesordnung gesetzt, sondern sie haben ihn auch auf eine neue Ebene gehoben. Sie warnen auch weiterhin vor den katastrophalen Folgen des Klimawandels, vor Wetterextremen etwa, dem Ansteigen des Meeresspiegels oder dem Artensterben. Doch darüber hinaus klagen sie an. Die Älteren, so der Vorwurf, lebten auf Kosten der Jüngeren. „Wir sind hier, wir sind laut, weil ihr uns die Zukunft klaut", rufen die jungen Demonstranten jeden Freitag. Der Klimaschutz ist eine Frage der Gerechtigkeit.

Doch wer ist „Fridays for Future"? Wer sind all diese Schülerinnen und Schüler, diese Studierenden und Auszubildenden? Was treibt sie an, all den Lindners, Kramp-Karrenbauers und Haseloffs die Stirn zu bieten und allen Widerständen zum Trotz jeden Freitag aufs Neue auf die Straße zu gehen? Und wer unterstützt sie dabei?

Dieses Buch unternimmt den Versuch, diese junge Bewegung zu verstehen – eine Bewegung, die sich schwer greifen lässt, weil sie keine Hierarchien kennt, weil es keine Vorsitzenden gibt und keine Hinterbänkler, ja nicht einmal einen Dachverband, sondern nur viele, viele Demonstranten, die sich wöchentlich in ihren Ortsgruppen basisdemokratisch auf Ziele, Streikformen und Termine verständigen. „Fridays for Future" ist Greta Thunberg, die im Sommer 2019 als Kandidatin für den Friedensnobelpreis gehandelt wird. „Fridays for Future" sind aber genauso sehr Tausende Siebtklässlerinnen und Siebtklässler, die sich von den Verboten ihrer Schulleiter nicht einschüchtern lassen und freitags trotz allem auf die Straße gehen. „Fridays for Future" ist die mittlerweile medienerprobte und talkshow-gestählte Luisa Neubauer, die Kundgebungen und Demonstrationen in Berlin organisiert und zu einem der deutschen Gesichter der Bewegung geworden ist. Doch „Fridays for Future" ist auch ein 16-jähriger Realschüler aus Petershausen bei München, der an einem Nachmittag im Juni in einem Café in der Münchner Altstadt sitzt und an seinem Spezi nippt, während pausenlos sein Handy vibriert.

2

ES GEHT NICHT UM DIE SCHULE.
ES GEHT UM DIE ERDE.

Es bleibt die Tatsache, dass sie die Schule schwänzen: Ben Awenius hat das schon oft gehört, er lächelt müde. Ginge es ihm nur um seine Freizeit, sagt er, dann stünde er ohne „Fridays for Future" erheblich besser da. Dann greift der 16-Jährige zu seinem Mobiltelefon und öffnet die Liste seiner Verbindungsdaten. Es ist ein Donnerstagnachmittag im Juni. Awenius, Kapuzenpulli, grün gefärbter Scheitel, sitzt in einem Café in der Münchner Altstadt. Alleine an diesem Tag hat er bereits 51 Telefonate mit seinem Handy geführt, geht aus der Liste auf seinem Gerät hervor – dabei saß er den ganzen Vormittag über im Unterricht in seiner Realschule. Außerdem zeigt das Telefon 58 ungelesene Chat-Nachrichten an, der Großteil von ihnen ist in der vergangenen halben Stunde gekommen, also seit sich der Realschüler in dieses Café gesetzt hat.

Ben Awenius ist einer der Koordinatoren der „Fridays for Future"-Kundgebungen in München. Außerdem kümmert er sich bundesweit um die Finanzen der Bewegung und betreut Anfragen von Journalisten. Woche für Woche, erzählt er, wähle er sich in bis zu 15 Telefonkonferenzen ein. In Pausen und Freistunden, wenn sich seine Mitschüler entspannen, greift er zum Handy. Jede Woche treffen sich außerdem mehrere Dutzend Mitglieder seiner Ortsgruppe von „Fridays for Future" zur Plenumssitzung. Eine solche Zusammenkunft könne schon einmal acht Stunden lang dauern, sagt Awenius. Mehrmals diskutierten die Schülerinnen und Schüler bis nach ein Uhr morgens; wenige Stunden später gingen sie dann zur Schule.

Es werde eben alles basisdemokratisch beschlossen, sagt Awenius: Jede bundesweite Entscheidung werde in jeder Ortsgruppe nachvollzogen. Dazu kommen Delegiertentreffen und Sitzungen von Arbeitsgruppen. „Es gibt Wochen, da mache ich nur FFF." Und am Tag dieses Treffens ist es besonders eng: Awenius nutzt seine freien Minuten gerade dazu, einen der Höhepunkte der Bewegung vorzubereiten, den zentralen Klimastreik am 21. Juni 2019 in Aachen. Das heißt: Er organisiert die An- und Abfahrt von Schülerinnen und Schülern aus ganz Deutschland mit dem Zug, er treibt für mehrere Tausend Menschen Verpflegung auf, fragt Musikgruppen an und kümmert sich um technische Fragen. Vom 19. bis 22. Juni wird er dann selber in Aachen sein – dabei hätte er zuhause eigentlich genug zu tun. Wenige Tage nach den Demonstrationen in Aachen wird Awenius seine Abschlussprüfungen zur Mittleren Reife ablegen. Geprüft werden vier Fächer; Stoff kann alles sein aus zehn Jahren Schule. „Ich sollte mal lernen", sagt er, als er dort im Café sitzt. Doch der Klimaschutz gehe vor.

Es hat wenig mit klassischem Schwänzen zu tun, mit dem Wunsch nach mehr Freizeit oder gar mit Faulheit, was Schüler wie Awenius für „Fridays for Future" tun. Der Schulboykott sei nicht das Ziel, sondern nur das Druckmittel, sagt der 16-Jährige. Würden sich die Schülerinnen und Schüler an die Regeln der Schulpflicht halten, würden sie zum Beispiel ausschließlich nachmittags demonstrieren oder nur am Wochenende, dann würde sich kaum einer an ihrem Protest stören, und sie erhielten erheblich weniger Aufmerksamkeit, glaubt er. Und diese sei dringend nötig. Denn die Zeit laufe davon.

Was die Schüler antreibt, ist das Unbehagen, dass alles so weiterzugehen scheint wie immer – und das, obwohl die Wissenschaft Alarm schlägt, seit vielen Jahren schon, allen voran das „Intergovernmental Panel on Climate Chance" (IPCC), der sogenannte Weltklimarat. Seine zentrale Botschaft ist: Die Menschen müssen den Ausstoß von Treibhausgasen wie Kohlendioxid reduzieren, und zwar sofort.

Der Weltklimarat hat seinen Sitz in Genf. Er gibt zwar selbst keine eigene Forschung in Auftrag, doch in ihm arbeiten Hunderte international renommierte Wissenschaftlerinnen und Wissenschaftler zusammen, um die Ergebnisse der Klimaforschung zusammenzutragen und die Regierungen der Welt zu beraten. Gegründet wurde er 1998 von der Weltorganisation für Meteorologie und vom Umweltprogramm der Vereinten Nationen; den Auftrag dazu hatte die Generalversammlung der Vereinten Nationen in ihrer Resolution 43/53 erteilt. Schon damals hatten Forscher davor gewarnt, dass die Konzentration von Treibhausgasen in der Atmosphäre zunehme und sich die Erde erwärme. Der Weltklimarat sollte daraufhin neutral und transparent das Wissen der Welt zusammentragen und eine mögliche internationale Klimaschutzkonvention vorbereiten. Seitdem hat der Weltklimarat fünf große Sachstandsberichte sowie mehrere Sonderberichte veröffentlicht – Berichte, in denen die Wissenschaftler nichts beschönigen, aber auch nicht schwarzmalen, und in denen sie skrupulös darum ringen, wie zuverlässig ihre Prognosen sind.

Die Berichte des IPCC sind öffentlich einsehbar. Sie sind zwar sehr technisch gehalten und eine eher trockene Lektüre, ihre Kernaussagen aber sind auch für Laien verständlich, und sie sind alarmierend.

Ob es den Klimawandel gibt und wer dafür verantwortlich ist, diese Debatten hat die seriöse Wissenschaft längst hinter sich gelassen. Es besteht kein Zweifel daran, dass sich das globale Klima erwärmt, und laut dem jüngsten IPCC-Bericht ist es „äußerst wahrscheinlich", dass der Mensch daran die Hauptschuld trägt. „Äußerst wahrscheinlich": Viel mehr Sicherheit ist in der Sprache des Weltklimarates gar nicht möglich.

Verantwortlich für den Temperaturanstieg sind hauptsächlich Treibhausgase und hier vor allem Kohlendioxid, das der Mensch seit der Industrialisierung im 19. Jahrhundert verstärkt in die Atmosphäre bläst. Sämtliche Treibhausgase sind Spurengase, das heißt, dass ihr Anteil an der Erdatmosphäre verglichen mit Stickstoff und Sauerstoff relativ gering ist. Ihr Einfluss aber ist groß. Anders als zum Beispiel Stickstoff nehmen Treibhausgase aufgrund ihrer Molekülstruktur die Infrarot- oder Wärmestrahlung auf, die von der Erde abgegeben wird und sonst ins Weltall entweichen würde. Dadurch erwärmt sich die Atmosphäre. Je höher die Konzentration von Treibhausgasen in der Luft ist, desto wärmer wird es.

Kohlendioxid ist Teil eines natürlichen Kreislaufs. Vereinfacht gesagt: Tiere und Menschen verwandeln Sauerstoff und Zucker beim Atmen in Kohlendioxid und Wasser, und Pflanzen verwandeln beides per Photosynthese wieder in Sauerstoff und Zucker. Dieser Kreislauf vollzieht sich seit vielen Jahrtausenden, ohne dass sich die Konzentration von Kohlendioxid in der Luft nennenswert verändert hätte; bis ins 19. Jahrhundert lag diese bei knapp 0,3 Promille. Verbrennungsmotoren und Kohlekraftwerke aber sind hierbei nicht vorgesehen: Sie stoßen zusätzliches Kohlendioxid aus, das den natürlichen Kreislauf überfordert. Der Anteil von Kohlendioxid an der Atmosphäre ist deshalb kontinuierlich angestiegen, er beträgt inzwischen mehr als 0,4 Promille. Insgesamt ist die Konzentration nicht nur von Kohlendioxid, sondern auch von anderen Treibhausgasen wie Methan und Lachgas, die vor allem in der industriellen Landwirtschaft freigesetzt werden, mittlerweile so hoch wie noch nie in den vergangenen 800 000 Jahren. Das ist der Zeitraum, für den es genaue Daten aus antarktischen Eisbohrkernen gibt. Berechnungen zufolge gab es gar seit mindestens drei Millionen Jahren nicht mehr so viel Kohlendioxid in der Atmosphäre. Damals, im Pliozän, gab es geologische Gründe für die hohe Treibhausgaskonzentration. Entscheidend aber ist: Die Durchschnittstemperaturen lagen damals um etwa zwei bis drei Grad höher als in der Zeit vor der Industrialisierung. Und der Meeresspiegel war rund 20 Meter höher als heute.

Die Folgen der neuerlich hohen Kohlendioxidkonzentration sind heute bereits spürbar. Gemessen an der Zeit vor der Industrialisierung habe sich das globale Klima schon jetzt um etwa ein Grad Celsius erwärmt, heißt es in einem Sonderbericht des IPCC von 2018 – und wenn es so weitergehe, würden es bereits in wenigen Jahrzehnten eineinhalb Grad sein. Konkret bedeutet das nicht nur steigende Temperaturen. Die Wahrscheinlichkeit von Hitzeextremen nimmt zu, Dürren werden häufiger. Der Meeresspiegel steigt, Gletscher schmelzen. Weil die Ozeane vermehrt Kohlendioxid binden müssen, versauern sie; ihr Sauerstoffgehalt dagegen nimmt ab. Lebensräume schwinden, Arten sterben. Und all das geschieht bereits, darum kommt die Welt nicht mehr herum. Die Menschen müssen sich darauf einstellen, dass Ernten ausfallen werden, dass Naturkatastrophen ganze Landstriche unbewohnbar machen könnten, dass in einigen Jahren womöglich Millionen Flüchtlinge eine neue Heimat werden suchen müssen. Die Außenminister der sieben führenden westlichen Industriestaaten warnten bereits 2015, der Klimawandel sei eine der größten Bedrohungen für die Sicherheit im 21. Jahrhundert.

Um den Klimawandel zu verhindern, ist es zu spät. Es kann nur noch darum gehen, den Klimawandel zu begrenzen, seine Folgen zu mäßigen und eine noch schlimmere Katastrophe zu verhindern. Doch selbst dafür bleibt nicht mehr viel Zeit.

Es gab einen Moment, da schien es, als hätten die Regierungen der Welt all das tatsächlich begriffen, und als würden sie nun alle gemeinsam gegensteuern. Bei der Klimakonferenz der Vereinten Nationen in Paris einigten sich im Dezember 2015 die Regierungschefs von 197 Staaten darauf, die Erderwärmung auf deutlich unter zwei Grad Celsius zu begrenzen, idealerweise auf nur 1,5 Grad Celsius, jeweils verglichen mit der Zeit um 1850. Es war das erste Mal, dass dieses Ziel in einem völkerrechtlichen Vertrag verankert wurde. Und anders als beim 1997 verabschiedeten Kyoto-Protokoll nahmen sich auch nicht nur die Industrieländer selbst in die Pflicht, sondern fast alle Staaten der Erde.

Der Optimismus war groß. Frankreichs Außenminister Laurent Fabius sprach noch auf dem Gipfel von einem

Abkommen mit historischen Dimensionen. Barack Obama, der damalige Präsident der Vereinigten Staaten von Amerika, nannte die Einigung im Weißen Haus einen möglichen „Wendepunkt für die Welt". Der ehemalige US-Vizepräsident und Klimaschutzaktivist Al Gore wurde geradezu sentimental: „In vielen Jahren werden unsere Enkel einmal über die Zivilcourage der Menschen zur Lösung der Klimakrise nachdenken, und sie werden auf den 12. Dezember 2015 blicken als den Tag, an dem die Weltgemeinschaft endlich die Entscheidung traf zu handeln", sagte er. Die deutsche Bundeskanzlerin Angela Merkel blieb nüchterner: Sie räumte ein, es sei noch viel zu tun. Doch das Abkommen sei „ein Zeichen der Hoffnung, dass es uns gelingt, die Lebensbedingungen von Milliarden Menschen auch in Zukunft zu sichern".

Doch das Abkommen hat einen Haken. Dass so viele Regierungen unterzeichnet haben, liegt auch daran, dass ihnen die Unterschrift leicht gemacht worden ist. Denn wie viel Treibhausgas sie einsparen wollen, wie effektiv sie das Klima also tatsächlich schützen wollen, bleibt letztlich den Ländern selbst überlassen. Jedes gibt sich eigene nationale Klimaschutzpläne. Und diese sollen zwar jeweils fortlaufend verschärft werden, und sie werden zudem international überprüft. Sind die Pläne aber zu schwach formuliert oder werden sie erst gar nicht eingehalten, ist die Staatengemeinschaft machtlos.

Das Ergebnis ist: Es reicht nicht.

Die bisher von den einzelnen Staaten vorgelegten Klimaschutzpläne sind nicht genug, das stellte der Weltklimarat in seinem jüngsten Sonderbericht 2018 lapidar fest. Dabei müssten die Staaten das in Paris vereinbarte Ziel eigentlich noch übertreffen, denn die Folgen der Erderwärmung seien weit schlimmer als gedacht. Die globale Durchschnittstemperatur dürfe um nicht mehr als um 1,5 Grad Celsius steigen, andernfalls würden die Risiken von Umweltkatastrophen rasant steigen. Doch um dieses Ziel zu erreichen, müsse erheblich mehr passieren, mahnten die Wissenschaftler: Bis 2030 müssten die globalen Emissionen von Treibhausgasen viel schneller sinken als geplant. 2030 dürften sie nur noch bei 45 Prozent des Niveaus von 2010 liegen, und 2050 müsse die sogenannte Netto-Null stehen: Dann müsse die ganze Welt treibhausgasneutral sein. Für jede Tonne Kohlendioxid, die aus einem Kraftwerk oder zum Beispiel aus Motoren entweicht, müssten dann gewissermaßen Bäume mit entsprechender Photosynthese-Kapazität angepflanzt werden. Nötig sei nun ein schneller, weitreichender und entschlossener Umbau der Wirtschaft, der Städte, ja der gesamten Gesellschaft. Die Menschen müssten weg von fossilen Brennstoffen, hin zu erneuerbaren Energien. Die nötigen Anstrengungen seien von beispiellosem Ausmaß, heißt es im Bericht des IPCC. Doch auf diese Weise gebe es zumindest noch Hoffnung, die Erderwärmung bei 1,5 Grad Celsius aufzuhalten und das Schlimmste womöglich zu verhindern.

Die Entwicklungen der vergangenen Jahre deuten jedoch in eine andere Richtung. Auf US-Präsident Barack Obama, der vom Pariser Abkommen als einem „Wendepunkt für die Welt" schwärmte, folgte im Januar 2017 Donald Trump. Es dauerte kein halbes Jahr, bis die Vereinigten Staaten – der derzeit hinter der Volksrepublik China weltweit größte Emittent von Treibhausgasen – ankündigten, 2020 aus dem Pariser Abkommen auszusteigen. In Brasilien, auf dessen Territorium der größte Teil des Amazonas-Regenwaldes wächst, regiert seit Anfang 2019 der rechtsgerichtete Ex-Soldat Jair Bolsonaro. Er hatte im Wahlkampf ebenfalls angekündigt, das Pariser Abkommen zu verlassen, und sogar davon gesprochen, mit militärischer Härte gegen Umweltschützer vorzugehen. Seit seinem Amtsantritt hat sich die Abholzung des Regenwaldes dramatisch beschleunigt.

Und selbst das vermeintliche Öko-Musterland Deutschland schwächelt im Klimaschutz. Im Land von Mülltrennung und Atom-Ausstieg, von Erneuerbare-Energien-Gesetz und Dosenpfand, in dem 1999 das erste serienmäßig fabrizierte Dreiliter-Auto der Welt, der VW Lupo 3L TDI, aus der Fabrik rollte, ist der Trend zu schweren Geländewagen und SUVs ungebrochen. Seit 2015 wird ruchbar, dass mehrere deutsche Autobauer auf illegale Software setzten, um Abgasgrenzwerte zu umgehen. Das gesamte Ausmaß des Betrugs war bei Redaktionsschluss für dieses Buch Anfang August 2019 noch immer nicht klar. Und 2018, in eben jenem Jahr, in dem Greta Thunberg vor dem schwedischen Parlament ihren Schulstreik begann, in dem die Gesellschaft für deutsche Sprache angesichts der Hitze- und Dürrewelle in Europa das Wort „Heißzeit" zum Wort des Jahres kürte, in diesem Jahr leistete Deutschland auch noch einen Offenbarungseid: Die deutsche Bundesregierung, die im Klimaschutz so gerne das große Wort führt – nach der Pariser Klimakonferenz etwa sagte Kanzlerin Merkel wörtlich: „Klimaschutz ist nicht mehr und nicht weniger als eine Frage des Überlebens" –, diese Bundesregierung muss 2018 öffentlich eingestehen, dass sie nicht einmal ihre selbstgesetzten Maßstäbe erfüllen kann. Deutschland werde seine Klimaziele deutlich verfehlen.

Warum? Zum Beispiel wegen des zögerlichen Ausstiegs Deutschlands aus der Kohleenergie. Noch zwei Jahre vor der Pariser Klimakonferenz stellte die neue Bundesregierung aus Union und SPD in ihrem Koalitionsvertrag fest, Strom aus Gas- und Kohlekraftwerken sei „auf absehbare Zeit unverzichtbar". Dass Energie bezahlbar bleibe, sei genauso wichtig wie ihre Klimaverträglichkeit. Und überhaupt werde die Energiewende nur dann gelingen, wenn industrielle Arbeitsplätze erhalten bleiben. Wohlgemerkt: Gemeint waren damit Arbeitsplätze in Bergwerken und Kraftwerken, nicht etwa in der Photovoltaikbranche, in der Deutschland noch vor etwa einem Jahrzehnt weltweit führend war. Dann aber strich die Bundesregierung das Fördergeld zusammen. Seit 2010 sind in dieser Branche bundesweit rund 80 000 Arbeitsplätze verloren gegangen.

Doch zurück zur Kohle. Im Frühjahr 2018, während Länder wie Frankreich und Großbritannien längst das Ende ihrer Kohlekraftwerke forcierten, vereinbarte die nächste deutsche Bundesregierung in ihrem Koalitionsvertrag immerhin, eine Kommission einzurichten. In dieser sollten sich Vertreter von Wirtschafts- und Energieverbänden, von Gewerkschaften sowie von betroffenen Kohleabbauregionen mit Wissenschaftlern und Delegierten von Umweltverbänden auf einen Weg aus der Kohle einigen. Überstürzt wurde freilich nichts. Zuerst rutschte die Entscheidung, diese Kommission auch wirklich einzusetzen, immer wieder kurzfristig von der Tagesordnung der Regierung. Medienberichten zufolge stritten die Koalitionäre um die Besetzung der Kommission. Insgesamt verzögerte sich deren Arbeit allein deshalb um mehrere Wochen. Und der Abschlussbericht kam ebenfalls mit Verspätung, denn die Kommission wollte intensiver über Arbeitsplätze diskutieren als geplant – über Arbeitsplätze, wie gehabt, in der Kohlebranche. Im Januar 2019 schlug die Kommission schließlich nach langer Sitzung einen Ausstieg aus der Kohle bis spätestens 2038 vor.

Noch fast zwanzig Jahre Kohle? Deutschland ist nun einerseits das einzige Industrieland, das gleichzeitig aus der Atomkraft und aus der Kohleenergie aussteigt. Andererseits erklärten die in der Kommission vertretenen Umweltverbände in einem Sondervotum, sie hätten dem späten Ausstieg nur zugestimmt, um überhaupt ein Ergebnis zu erreichen und „den klimapolitischen Stillstand Deutschlands der letzten Jahre zu durchbrechen". Weder das anvisierte Ausstiegsjahr 2038 noch „der unkonkrete Pfad bis 2030" würden genügen, um einen „angemessenen Beitrag des Energiesektors" zu leisten. Im Mai 2019 rechnete der Berliner Ingenieurwissenschaftler Volker Quaschning dem Wirtschaftsausschuss des Bundestags vor, mit dem späten Ausstieg seien weder die Klimaziele der Bundesregierung zu erreichen noch die des Pariser Abkommens. Doch mehrere Bundestagsabgeordnete der Union ging selbst der Ausstieg bis 2038 zu weit. Sie warnten vor Gefahren für die Versorgungssicherheit und vor steigenden Strompreisen.

Und die Kanzlerin? Angela Merkel erklärte den für Klimaschutz demonstrierenden Schülerinnen und Schülern im März 2019 in jener bereits erwähnten Videobotschaft, sie verstehe, dass sie sich den Ausstieg aus der Kohle schneller wünschen würden. Doch die Regierung müsse „Arbeitsplätze und Wirtschaftskraft auf der einen Seite mit den Zielen des Klimaschutzes versöhnen". Die Frage des Überlebens, als die Merkel den Klimaschutz noch wenige Jahre zuvor bezeichnet hatte, sie ist für die Bundesregierung demnach nur eine Frage unter mehreren.

Um Arbeitsplätze zu erhalten, muss man beim Überleben offenbar Kompromisse machen.

Die jüngeren Nachrichten tragen wenig zu Optimismus bei. Im Juni 2019 berichteten Forscher, dass die Permafrostböden in Alaska und Sibirien wegen der steigenden Temperaturen erheblich schneller auftauen als bisher befürchtet und dabei große Mengen an Methan freisetzen, ein Treibhausgas mit der 28-fachen Wirkung von Kohlendioxid. Die Erderwärmung droht sich noch zu beschleunigen.

Der Juni 2019 ist laut dem Deutschen Wetterdienst auch der wärmste und sonnigste Juni seit dem Beginn flächendeckender Messungen gewesen. „Allmählich verschlägt es mir die Sprache angesichts dieser inzwischen in Serie auftretenden Klimarekorde", kommentierte ein Sprecher die neuen Höchstwerte. Dem Potsdamer Klimaforscher Stefan Rahmstorf dagegen verschlug es die Sprache keineswegs. Dass sich durch die fortschreitende Erhitzung der Erde die Monatsrekorde häufen, sei „unmittelbar logisch", erklärte er in seinem Blog „Klimalounge". Er schloss mit einer düsteren Aussicht: Selbst wenn sich der Temperaturanstieg auf der Erde auf 1,5 Grad Celsius begrenzen lasse, werde einer Studie zufolge fast jeder zweite Sommer einer mit extremen Temperaturen sein. Bei einem Anstieg um zwei Grad Celsius wäre ein extrem heißer Sommer gar der Regelfall.

Das Umweltbundesamt informiert seit Juni 2019 in seiner neuen Broschüre „Klimawandel und Gesundheit" darüber, wie sich Menschen bei hohen Temperaturen verhalten sollten, und was bei Beschwerden wie Hitzeerschöpfung, Sonnenstich oder Hitzekrämpfen zu tun ist.

Und im Juli 2019 veröffentlichte das Fachmagazin *Nature* eine kalifornische Studie, nach der alleine die zu diesem Zeitpunkt bestehenden und bereits geplanten fossilen Kraftwerke, Fabriken und Autos auf der Welt ausreichen, um das 1,5-Grad-Ziel unmöglich zu machen. Die Autoren der Studie schlagen unter anderem vor, Kraftwerke schneller stillzulegen; das sei auch wirtschaftlich tragbar.

Doch ob die Wissenschaftler mit dieser Mahnung Gehör finden? Die Schülerinnen und Schüler, die freitags für den Klimaschutz auf die Straße gehen, haben allen Grund daran zu zweifeln.

3

„Skolstrejk för klimatet": Mit diesem
Schild hat Greta Thunberg (rechts
vor dem schwedischen Reichstag in
Stockholm) damit begonnen, für mehr
Klimaschutz zu demonstrieren, statt
in den Unterricht zu gehen. Hunderttausende Jugendliche sind ihrem Beispiel
seitdem gefolgt, auch in Deutschland.
Die Aufnahme links entstand in Köln.

WIR SIND HIER, WIR SIND LAUT! ...

Während im Bundeswirtschaftsministerium die Kommission „Wachstum, Strukturwandel und Beschäftigung" tagt, ziehen demonstrierende Schülerinnen und Schüler, Studentinnen und Studenten durchs Berliner Regierungsviertel. Sie sind aus ganz Deutschland angereist. Die Organisatoren sprechen von etwa 10 000 Teilnehmern, die Polizei nennt eine Zahl im mittleren vierstelligen Bereich. Tausende weitere Schüler, denen die Anreise in die Bundeshauptstadt zu weit war, demonstrieren parallel in anderen Städten, unter anderem in München und Stuttgart.

25. Januar 2019: „Fridays for Future"-Proteste begleiten die Abschlusssitzung der deutschen Kohlekommission in Berlin.

15. März 2019: Millionen Menschen beteiligen sich am ersten internationalen „Fridays for Future"-Streiktag.

Die Organisatoren von „Fridays for Future" rufen zum ersten internationalen Streiktag. Ihnen zufolge gehen an diesem Tag in 135 Ländern weltweit mehr als zwei Millionen junge Demonstranten auf die Straße (das Foto links zeigt eine Kundgebung in Sydney); in Deutschland sind es demnach etwa 300 000 in 207 Städten. Alleine in Berlin kommen laut Polizei etwa 20 000 Menschen zusammen. In München (Bilder unten) versammeln sich der hiesigen Ortsgruppe zufolge mehr als 10 000 Demonstranten vor der Feldherrnhalle. Von dort ziehen sie quer durch die Stadt zur Theresienwiese. Unterstützt werden die Jugendlichen mittlerweile auch von Erwachsenen, etwa von Eltern und von Wissenschaftlern, die sich als „Parents for Future" oder als „Scientists for Future" organisiert haben. Ein Wissenschaftler protestiert an diesem Freitag selbst in der Antarktis, genauer: vor der Neumayer-Station III, der deutschen Polarforschungsstation des Alfred-Wegener-Instituts. Der deutsche Bundestag widmet den Schülerprotesten an diesem Freitag eine Aktuelle Stunde. Zwei Monate später, am 24. Mai 2019, kurz vor der Europawahl, ruft „Fridays for Future" zum zweiten internationalen Bildungsstreik auf.

Selten gehen Mengenangaben derart weit auseinander. Aus ganz Österreich sind an diesem Freitag, einem Fenstertag, Jugendliche und Familien nach Wien gefahren. Während die Organisatoren des „Fridays for Future"-Protestzugs von 35 000 Teilnehmern sprechen, will die Wiener Polizei bei der Schlusskundgebung auf dem Schwarzenbergplatz nur 5000 Demonstranten gezählt haben. Auf der Bühne steht dort niemand anderes als Greta Thunberg, die nicht zum ersten Mal eine der von ihr inspirierten „Fridays for Future"-Kundgebungen in ganz Europa besucht. Wenige Tage zuvor ist sie bereits mit Arnold Schwarzenegger vor 5000 Menschen auf dem „Climate-Kirtag" auf dem Wiener Heldenplatz aufgetreten. Jetzt ruft sie den Jugendlichen und Erwachsenen zu: „Gemeinsam verändern wir die Welt!" Die Demonstrationen sollten auch während der Schulferien fortgesetzt werden. Sie selbst kündigt an, sich für den Klimaschutz eine einjährige Auszeit von ihrer Schulbildung zu nehmen. Parallel zur Klimaschutzdemonstration blockieren an diesem Freitag Aktivisten von „Ende Gelände" die Ringstraße, eine der wichtigsten Verkehrsadern der Stadt.

31. Mai 2019: Greta Thunberg besucht die „Fridays for Future"-Demonstration in Wien.

21. und 22. Juni 2019: „Fridays for Future" mobilisiert Zehntausende. Die Bewegung ruft zum ersten länderübergreifenden Klimastreik nach Aachen.

Das rheinische Revier ist das größte Abbaugebiet von Braunkohle in Europa; deshalb rufen die Organisatoren der Klimastreiks an diesem Freitag Jugendliche und Erwachsene aus dem In- und Ausland in die nahegelegene Stadt Aachen, um für einen schnelleren Kohleausstieg zu demonstrieren. Dem Ruf folgen Menschen aus mindestens 16 Ländern, die Organisatoren sprechen von 40 000 Teilnehmern. Es ist die bislang größte Demonstration von „Fridays for Future" in Deutschland. Und „Fridays for Future" ist nicht alleine. Nordöstlich von Aachen besetzen Klimaschutzaktivisten von „Ende Gelände" am Freitag die Gleise zum Kohlekraftwerk Neurath. Am Samstag, als sowohl

„Fridays for Future" als auch „Ende Gelände" durch das Braunkohlerevier ziehen, durchbrechen Hunderte Aktivisten derselben Gruppe die Polizeiabsperrungen und klettern in den Tagebau Garzweiler südlich von Mönchengladbach hinab. Dort harren sie bis Sonntag aus. Die Aachener Polizei hat die meist jugendlichen Demonstranten von „Fridays for Future" zuvor gewarnt, sich von „gewaltbereiten Gruppierungen" wie „Ende Gelände" fernzuhalten. „Fridays for Future" hat sich daraufhin mit „Ende Gelände" solidarisiert: Man bilde „eine Einheit", die Ziele beider Gruppen seien weitgehend dieselben. Nur die Protestformen würden sich unterscheiden.

21. und 22. Juni 2019: „Fridays for Future"
zieht durch Aachen sowie durch das nahegelegene Braunkohlerevier. Aktivisten
stürmen den Tagebau Garzweiler.

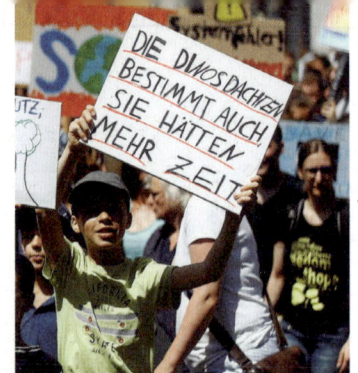

DIE DINOS DACHTEN
BESTIMMT AUCH
SIE HÄTTEN
MEHR ZEIT

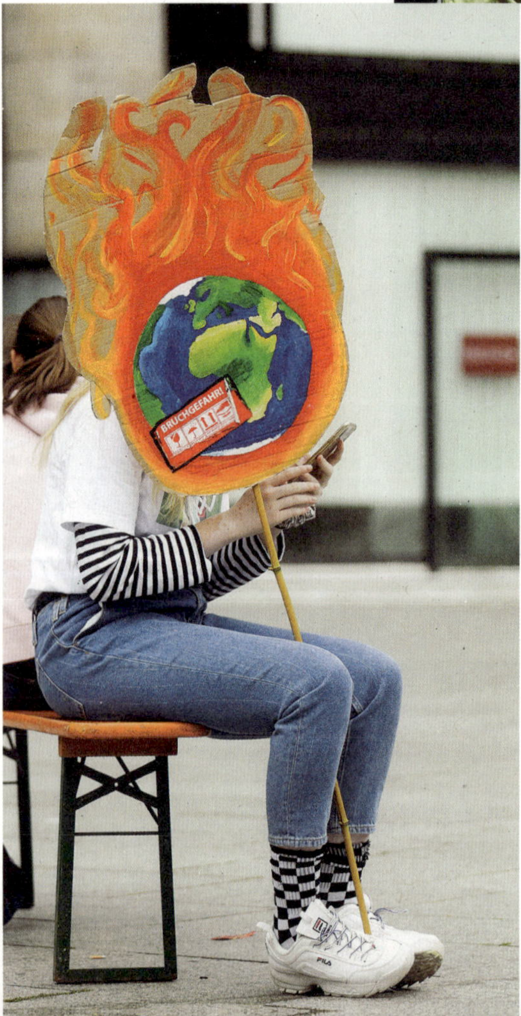
BRUCHGEFAHR!

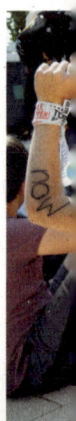

Schülerinnen und Schüler gehen nicht nur in
Metropolen wie Köln (links) oder in Städten
wie Aachen (oben und unten) auf die Straße,
sondern auch in kleineren Ortschaften wie
Grafing bei München (rechts).

Wie intensiv sie protestieren, entscheidet jede
Ortsgruppe selbst. In Städten wie Berlin und
Hamburg demonstrieren Schülerinnen und
Schüler jede Woche; in Köln sind Jugendliche
im Juli 2019 gar in einen einwöchigen Dauer-
streik getreten. In kleineren Städten versammeln sich die Schülerinnen und Schüler
dagegen meist seltener. Manchmal versuchen
sie den Vorwurf zu entkräften, sie wollten nur
die Schule schwänzen; dann weichen sie auf
den Nachmittag oder auf den Samstag aus.
Manchmal sind Ort und Zeit immer dieselben.
Und manchmal ist es kompliziert. In Würzburg
zum Beispiel rufen die Organisatoren alle zwei
Wochen zum Schulstreik – und zwar immer
abwechselnd vormittags und nachmittags.
München ist ein Beispiel unter vielen. In der
bayerischen Hauptstadt ist es vergleichsweise
einfach: Die jungen Klimaschützer streiken
zwar an wechselnden Orten, aber immer ab
elf Uhr vormittags. Seit Januar 2019 ist in der
Stadt an der Isar kein Freitag ohne Klimastreik
vergangen.

Kreativer Protest: Viele Jugendliche
gehen mit liebevoll bemalten Schildern
auf die Straße wie hier in München.

Im Münsterland hat der Landwirt Benedikt
Lünemann im Juli 2019 das Logo von „Fridays
for Future" und die Umrisse von Greta Thunberg
in sein Feld gemäht (oben) – es ist die bisher
wohl im Wortsinn größte Sympathiebekundung
für die Klimaschutzbewegung. In München
zogen die Schülerinnen und Schüler Mitte Juli
mit Schwimmtieren zur Isar.

... WEIL IHR UNS DIE ZUKUNFT KLAUT!

München, ein Freitag im Juli 2019. Ein riesiges aufblasbares Einhorn schwebt über den Gärtnerplatz, wenig später folgt eine aufblasbare Pizza, und vorne wackelt ein grünes Krokodil aus Plastik. „Fridays for Future" hat Schwimmtiere mitgebracht, denn der Klimaschutz geht baden, so steht es in dem Aufruf zur Demonstration, den die Jugendlichen über soziale Netzwerke im Internet verbreitet haben. Jetzt ziehen sie zur Isar, zur Schlusskundgebung wollen sie ins Wasser springen. Es ist bewölkt und kühl an diesem Freitag, wärmer als 20 Grad Celsius wird es nicht, und es sieht nach Regen aus. Trotzdem haben einige Schülerinnen und Schüler Badeanzüge und Badehosen angezogen, manche tragen Bademäntel, andere Schwimmflügel, wieder andere haben sich bunte Schwimmreifen auf die Köpfe gesetzt oder schwenken Schwimmnudeln. Für die Verhältnisse von „Fridays for Future" ist es eine kleine Kundgebung, die Polizei zählt an diesem Freitag etwa 1200 junge Demonstranten. Doch sie sind laut.

„Hoch mit dem Klimaschutz, runter mit der Kohle" schreien die Demonstranten, dazu strecken sie sich nach oben oder gehen in die Hocke. Autofahrern, die auf das Ende der Demonstration warten, rufen sie zu: „Motor aus! Motor aus!"

Passanten und Ladenbesitzer, die in ihren Türen stehen und zusehen, fordern sie lauthals auf, sich der Demonstration anzuschließen. Ganz vorne rollt ein Wagen mit Lautsprechern, den die Schülerinnen und Schüler „Lauti" nennen; dahinter tanzen zwei Jugendliche über die Straße und verteilen Handzettel, mit denen sie für Kleiderspenden werben. Weiter hinten im Pulk halten die Demonstranten Transparente und Schilder in die Höhe, auf denen „Hop hop hop, Kohlestopp!" steht, „Lobt ihr uns noch, oder handelt ihr schon?" oder auch: „Macht es wie wir und werdet erwachsen!"

Lu Brömer hält ebenfalls ein Schild in die Luft. „Rettet die Pole, raus aus der Kohle", steht darauf, und auf der Rückseite „Klimaschutz statt Kohleschmutz". Sie sei seit einem halben Jahr dabei, erzählt die 17-jährige Gymnasiastin. Der Klimaschutz beschäftige sie aber schon länger, nicht erst seit Greta Thunberg. „So etwas wie ‚Fridays for Future' war einfach überfällig", sagt sie. Zum ersten Mal sei sie im Januar oder Februar zu einer Klimaschutzdemonstration statt in den Unterricht gegangen. Seitdem stehe sie zwar nicht jeden Freitag auf der Straße, „das ist schwierig in der Oberstufe, denn wenn man fehlt, schlägt es sich gleich auf die Noten nieder". Aber jetzt, kurz vor den Sommerferien, wenn in der Schule ohnehin keine Leistungen mehr abgefragt würden, wolle sie häufiger demonstrieren gehen.

Was Lu Brömer auf die Straße treibt, ist Angst. Sie fürchte sich vor der Zukunft, vor dem Ungewissen, sagt sie. „Wir wissen ja nicht, was passiert. Wir wissen nicht, wie lange wir noch so weiterleben können wie bisher. Und es wäre wichtig, dass noch mehr Leute Angst bekommen, weil sich nur so etwas verändern kann."

Echte Hoffnung, dass sie und die anderen wirklich durchdringen mit ihrem Protest, dass also Parlamente und Regierungen rasch und konsequent umsteuern, um die Klimaziele des Pariser Abkommens doch noch einzuhalten, hat die 17-Jährige jedoch nur begrenzt. „Ich denke schon, dass etwas passiert. Man kann uns nicht ignorieren", sagt sie. „Aber ich fürchte, wenn sich etwas ändert, dann wird es zu langsam sein oder zu spät." Auf der Demonstration ist sie trotzdem. Sie tue eben, was ihr möglich sei, sagt die junge Frau. Sie wolle keine Panik wecken, aber man müsse die Leute darauf stoßen, wie bedrohlich die Lage mittlerweile ist. „Und ich könnte auch im Nachhinein nicht zurückblicken und sagen müssen: Ich war nicht dabei."

Lu Brömer und die anderen Demonstranten ziehen an diesem Freitag weiter vom Gärtnerplatz in Richtung Isar. Die Jugendlichen sind eingespielt, und sie sind diszipliniert. Als sie den Fluss erreichen, machen sie auf einer Brücke halt, unmittelbar beiderseits der Trambahnschienen. „Wer nicht hüpft, der ist für Kohle!", rufen sie und beginnen zu springen, mehr als 1000 junge Demonstranten auf engem Raum. Die Radwege auf beiden Seiten halten sie dabei frei. Und als dann tatsächlich eine Straßenbahn herangefahren kommt, kann auch sie ungehindert passieren. Die Schülerinnen und Schüler begleiten sie mit Sprechchören: „Öffentlicher Nahverkehr! Öffentlicher Nahverkehr!" Zwei Polizisten sehen wohlwollend zu.

Das Verhältnis zur Staatsmacht war zu Beginn etwas komplizierter. Die erste „Fridays for Future"-Demonstration in München war erheblich kleiner als diese Kundgebung im Juli. Am 14. Dezember 2018 kamen lediglich etwas mehr als

50 Jugendliche auf dem Max-Joseph-Platz zusammen. Und doch erstattete die Polizei mehrere Anzeigen. Einzelne Schülerinnen und Schüler hatten mit Kreide Bäume, Sonnen, Sanduhren und Sprüche wie „Save our planet" und „Richtiger Klimaschutz statt Gelaber" vor die Einfahrt zu einer Tiefgarage gemalt und damit gegen Auflagen der Kundgebung verstoßen. Außerdem hatte irgendwer mit Kreide ein durchgestrichenes Hakenkreuz gezeichnet, und einem Passanten war auf den ersten Blick nicht aufgefallen, dass das Nazi-Symbol tatsächlich durchgestrichen war. Und dann rückten auch noch berittene Polizisten an. Laut Polizei waren diese zwar auf einem normalen Streifenritt und hatten nichts mit der „Fridays for Future"-Kundgebung zu tun. Doch bei den Demonstranten kam an: Die Polizei setzt wegen uns sogar Pferde ein.

„Fridays for Future" war damals noch neu in Deutschland, und die Schülerinnen und Schüler waren unerfahren. An jenem 14. Dezember 2018 aber hat die Bewegung auch in der Bundesrepublik Fuß gefasst. Einzelne Kundgebungen für mehr Klimaschutz hatte es hier zwar schon zuvor gegeben, auch an Freitagen. Erst jetzt aber riefen Klimaschützer bundesweit in mehreren Städten zugleich zu Demonstrationen unter dem Motto „Fridays for Future" auf.

Unmittelbarer Anlass dazu war die Klimakonferenz der Vereinten Nationen in Kattowitz in Polen. Die Staats- und Regierungschefs der Welt verhandelten dort darüber, wie sie das Pariser Abkommen in konkrete Beschlüsse umsetzen wollten. Vor Ort war auch Greta Thunberg. Und wenige Tage vor dem Ende der Konferenz sandte die junge Schwedin ein ebenso nüchternes wie ernüchterndes Video um die Welt. In diesem klagte sie, es gebe bislang keine Anzeichen dafür, dass sich die Regierungschefs in Kattowitz auf bedeutsame Verpflichtungen zum Klimaschutz einigen wollten. Um Druck auszuüben, rufe sie deshalb für den Freitag zu einem internationalen Klimastreik auf. „Stellt euch vor eure Parlamente oder örtlichen Regierungsbüros, auch wenn es nur für eine kurze Weile ist. Damit sie wissen: Wir verlangen Klimaschutz!", sagte sie. In mehreren deutschen Städten kamen daraufhin Jugendliche zusammen, um zu protestieren. In Berlin zum Beispiel standen 150 junge Demonstranten vor dem Reichstag. In Kiel, vor dem Landtag von Schleswig-Holstein, waren es sogar rund 500. Unterstützt hatten die Proteste die Jugendorganisationen der Grünen sowie des Bundes für Umwelt und Naturschutz.

Auch in München organisierte die Grüne Jugend den ersten Schulstreik. Mehrere Schülerinnen und Schüler hätten sie angeschrieben, wohl auch wegen des Videos von Greta Thunberg, erzählt Lena Beier bei einem Treffen im Englischen Garten. Beier war damals Sprecherin der Grünen Jugend München; mittlerweile gehört sie zum Bundesvorstand der Organisation. Die Jugendlichen hätten geschrieben, sie wollten ebenfalls für mehr Klimaschutz demonstrieren, wüssten aber nicht, was sie nun genau unternehmen sollten, sagt sie. Die Grüne Jugend München wiederum wusste nicht recht, wie ihr geschah.

„Das Thema ist bei uns natürlich präsent gewesen", erzählt Lena Beier. Die Nachrichten über Greta Thunberg und die Schulstreiks in anderen Ländern hätten sie damals längst verfolgt. Dass sich viele junge Menschen politisch mobilisieren ließen, sei ihnen ebenfalls bewusst gewesen; erst 2018 waren in München ja Zehntausende gegen rassistische Hetze und gegen das neue bayerische Polizeiaufgabengesetz auf die Straße gegangen. Und sie hätten auch in den sozialen Medien verfolgt, wie in immer mehr Städten zu

Klimaschutzdemonstrationen aufgerufen wurde. Doch dass die Welle so schnell auch München erreichen würde, damit hätten sie dann doch nicht gerechnet, sagt Beier. Der Vorstand der Grünen Jugend habe sich dann rasch entschlossen, die Schüler zu unterstützen. Und so entstand die erste „Fridays for Future"-Demonstration in München im Hauruckverfahren.

Am Mittwoch, also etwa 48 Stunden vor Beginn der Demonstration, hätten sie mit der ersten Planung begonnen, erzählt Lena Beier. Die Grüne Jugend meldete die Kundgebung an, drängelte im Münchner Kreisverwaltungsreferat, malte Schilder und Transparente und versuchte, auf die Schnelle noch in den sozialen Medien und über Emails für die Demonstration zu werben. „Wir waren uns bis zuletzt sehr unsicher, wie viele wirklich kommen", sagt Beier. Für „Fridays for Future" habe es ja noch kein etabliertes Netzwerk gegeben. Die Hürden für die Schülerinnen und Schüler seien dagegen gerade zu Beginn hoch gewesen. Die Schule zu schwänzen, ohne zu wissen, wie die Schulleiter und Lehrer reagieren werden, und ohne zu wissen, ob noch jemand auf der Straße stehen wird und wenn ja, wie viele, dazu gehörte Mut.

Der Ärger mit der Polizei sei vor diesem Hintergrund besonders misslich gewesen, findet Lena Beier. „Die Schülerinnen und Schüler machen sich sowieso schon Sorgen, weil sie schwänzen. Und dann kommt auch noch die Polizei angeritten." Trotzdem sei die Kundgebung in ihren Augen ein Erfolg gewesen, ein erster Schritt, der den Jugendlichen zumindest eine Angst genommen habe; alle wussten jetzt: Ich bin mit meinen Sorgen nicht allein, es ist eine ganze Bewegung, sie ist auch hier, in meiner Stadt. Dieses Gefühl habe den Jugendlichen Mut gemacht, weiterzumachen.

Nach dem 14. Dezember 2018 schien in München alles wieder ruhig, zumindest nach außen hin. Am Montag besuchten die Schülerinnen und Schüler regulär den Unterricht, am folgenden Freitag gingen sie erst einmal in ihre zweiwöchigen Weihnachtsferien. Bis zur nächsten „Fridays for Future"-Kundgebung in der Stadt verging insgesamt mehr als ein Monat. Doch die Jugendlichen waren nicht etwa untätig.

Während des Jahreswechsels von 2018 auf 2019 hat sich „Fridays for Future München" herausgebildet. Die Schülerinnen und Schüler, die Azubis, Studentinnen und Studenten, die im Dezember kurzentschlossen auf dem Max-Joseph-Platz demonstriert hatten, haben sich organisiert. Sie haben Kontakte geknüpft zu anderen Klimaschutzbewegungen, die ihnen seitdem hin und wieder bei der Logistik helfen, zu großen wie dem World Wildlife Fund for Nature und dem Bund Naturschutz ebenso wie zu kleinen wie „Protect the planet" oder dem Münchner Bündnis „Raus aus der Steinkohle". Und sie haben sich dauerhafte Strukturen gegeben, ohne sich dabei zu sehr zu strukturieren. Sie gründeten keinen Verein, aber sie formierten eine Bewegung.

Ein Organigramm von „Fridays for Future" zu zeichnen, ist gleichermaßen einfach und schwierig. Es ist einfach, weil unter den Aktivisten keine Hierarchie existiert, weil die Bewegung ohne Funktionäre auskommt, ohne Geschäftsführer, Vorstände und Wahlen. Streng genommen existieren nicht einmal Mitgliederversammlungen, denn es gibt keine festen Mitgliederlisten. Aus demselben Grund lässt sich auch die Frage nur schwer beantworten, wie groß „Fridays for Future" eigentlich ist.

Ein Organigramm zu zeichnen ist auch einfach, weil keine übergeordneten Ebenen existieren, keine Landesgruppen und kein Bundesverband. Was es gibt, sind lediglich einzelne Ortsgruppen, die alle autonom agieren; mittlerweile gibt es alleine in Deutschland mehr als 500 von ihnen.

Und es ist schwierig, weil dennoch alles miteinander zusammenhängt.

„Fridays for Future" ist zunächst ein Kollektiv, an dem jeder mitwirken kann. Das kann eine Schwäche sein, etwa wenn einer übermütig wird und sich so viel Arbeit aufbürdet, dass er sie nicht bewältigen kann. Es ist aber auch eine Stärke, schon deswegen, weil die Bewegung dadurch weitläufig vernetzt ist. In München etwa wurden die Schülerinnen und Schüler zuletzt bei mehreren Kundgebungen von alten, großen Lastwagen begleitet, auf denen Lautsprecher standen, unter anderem von einem Feuerwehrwagen mit Starnberger Kennzeichen. Die Lastwagen habe man bekommen, weil einer von „Fridays for Future" einen kannte, der wiederum einen von der Feuerwehr kannte, heißt es von den Organisatoren, so laufe es oft. Der Umwelt zuliebe zogen die Demonstranten die Lastwagen mit abgeschaltetem Motor mit Stricken durch die Straßen.

Jenseits der Freitage, der Kundgebungen und der Proteste wiederum ist „Fridays for Future" ein Experiment in Basisdemokratie. Sämtliche Entscheidungen werden in den einzelnen Ortsgruppen getroffen. Innerhalb der Ortsgruppen diskutieren die Jugendlichen in einzelnen Arbeitsgruppen über ihre Strategie, über kreative Aktionen oder auch über mögliche Demonstrationsrouten, und am Ende entscheidet jeweils das Plenum, das grundsätzlich allen offen steht, die sich einbringen wollen. Es gibt keine Ausweise und keine Mitgliedsbeiträge; wenn die Jugendlichen etwas bezahlen müssen, finanzieren sie es über ihr Taschengeld oder über

Spenden. Die Münchner zum Beispiel organisieren sich für die Verpflegung auf ihren Plenumssitzungen Lebensmittel, die andernfalls von Läden weggeworfen würden.

Doch die Ortsgruppen stehen nicht alleine. Jede bestimmt aus ihren Reihen zwei bis drei Delegierte, die sich dann in Telefonkonferenzen mit den Vertretern der anderen Ortsgruppen austauschen und abstimmen. Dabei dürfen die Delegierten selbst nichts entscheiden, sondern nur weitergeben, was ihre jeweilige Ortsgruppe beschlossen hat. Damit die Telefonkonferenzen nicht aus dem Ruder laufen, werden sie von einer zentralen „Communication Task Force" moderiert. Um die Zusammenarbeit zu erleichtern, haben sich darüber hinaus einige bundesweite Arbeitsgruppen gebildet; derzeit gibt es 25. Die „Kampagnen-AG" zum Beispiel koordiniert Ideen für bundesweite Aktionen, sei es zur Klimakonferenz der Vereinten Nationen im November 2019 in Santiago de Chile oder für die Sommerferien. Die „Demoanreise-AG" organisiert Busse und Züge, um Schülerinnen und Schüler zu zentralen Großdemonstrationen zu transportieren. Die „App-AG" erarbeitet ein Konzept für ein mögliches Handy-Programm, das noch mehr Jugendliche mobilisieren soll. Und die „Struktur-AG" überlegt, wie die bundesweite Organisation von „Fridays for Future" verbessert werden und Entscheidungen beschleunigt werden können, ohne dabei die Basisdemokratie aufzugeben. Und für die bundesweiten Finanzen gibt es ein Konto, das treuhänderisch von der „Plant for the planet"-Stiftung verwaltet wird.

Von politischen Parteien hält sich „Fridays for Future" dabei bewusst fern. Persönlich sind zwar durchaus einige

Demonstranten in Parteien aktiv. Doch auf den Klimaschutzdemos sind zum Beispiel Fahnen oder Logos von Parteien verpönt. „Fridays for Future" will überparteilich sein, die Bewegung will sich nicht vereinnahmen lassen. Die Jugendlichen wollen nicht, dass ihre Demonstrationen für Wahlkampfzwecke missbraucht werden, und sie wollen sich auch nicht dem Vorwurf aussetzen, von einer Partei instrumentalisiert oder gar gesteuert zu werden.

In München gilt das auch für die Grüne Jugend, die im Dezember die erste „Fridays for Future"-Kundgebung in der Stadt organisiert hatte. Es seien zwar weiterhin viele Mitglieder freitags auf den Demonstrationen anzutreffen, hin und wieder gehe sie auch selber hin, sagt Lena Beier von der Grünen Jugend. Die Grüne Jugend postet immer wieder Demo-Aufrufe oder auch Videoaufnahmen von Kundgebungen in sozialen Netzwerken. In vielen Städten lagere „Fridays for Future" Gerätschaften und Transparente in Räumen der Jugendorganisation, sagt Beier. Und die Grüne Jugend hätte auch kein Problem damit, wenn sich die Schülerinnen und Schüler etwas weniger überparteilich gäben. „Wir würden uns manchmal wünschen, dass sich ‚Fridays for Future' ein bisschen deutlicher positioniert", sagt sie. Man könne etwa gemeinsame Forderungen formulieren und Erklärungen abgeben. „Die Grüne Jugend sind ja nicht einfach nur die kleinen Grünen. Wir sind auch Teil der Klimaschutzbewegung." Doch die Parteijugend hält sich an die Regeln. An jenem Freitag im Juli etwa, an dem die Jugendlichen mit dem Klimaschutz baden gehen wollen, sind auf der Kundgebung keinerlei Fahnen und keine Logos der Grünen Jugend zu sehen. Die Spielregel bricht an diesem Tag nur einer, ein älterer Herr, der inmitten der Jungen mitmarschiert und dabei die Fahne einer linksradikalen, vom Verfassungsschutz beobachteten Splitterpartei in die Höhe reckt. Sein Anbiederungsversuch schlägt dabei eher fehl. „Jetzt hält der diese scheiß-stalinistische Kacke hoch", entfährt es einer Schülerin aus dem Kreis der Organisatoren. Ihr Begleiter pflichtet ihr bei. „Die muss weg." Der Mann mit der Fahne freilich bleibt unbehelligt. Die Schüler scheuen den Konflikt.

An der Spitze des Zuges, noch vor dem Lautsprecherwagen, läuft an diesem Tag eine Gruppe um Yannick Kiefl. Der 21-Jährige ist einer der Organisatoren der Kundgebung. Er trägt an diesem Tag eine grüne Badehose und ist entschlossen, später ins Wasser zu springen. Kiefl ist kein Schüler mehr, sondern Student, so wie viele andere Helfer: Während auf der Straße überwiegend Schülerinnen und Schüler demonstrieren, sind es verstärkt die Älteren, die sich um die Organisation kümmern.

Kiefl erzählt, dass er Bioinformatik studiert, und dass er sich bereits seit dem vergangenen Jahr für den Klimaschutz engagiert, „da hatte ich von Greta Thunberg noch gar nichts gehört". Für die Gefahren des Klimawandels sei er schon lange sensibilisiert, spätestens seit Al Gores Dokumentarfilm „An inconvenient truth" von 2006. Den habe sich seine Klasse einmal im Schulunterricht angesehen und danach darüber diskutiert. Er selber habe daraufhin nach einem Weg gesucht, etwas zu verändern. Zuletzt schloss er sich „Extinction Rebellion" an, einer Gruppe von Klimaschützern, die mit zivilem Ungehorsam versucht, die Menschen aus ihrem Alltag zu reißen, sie wachzurütteln und auf den Klimawandel aufmerksam zu machen. Die Aktivisten setzen sich etwa zu Dutzenden auf Brücken, um diese zu blockieren, oder lassen sich an Regierungsgebäuden festketten, um Politiker dazu zu bringen, mit ihnen zu sprechen. Parallel zu seinem Engagement dort sei er dann im April 2019 zu „Fridays for Future" gestoßen, erzählt Kiefl. Er habe sich einfach gedacht: Hier könne er mithelfen und etwas bewirken. Seit April sei er die meisten Freitage auf der Straße gewesen, überlege aber jetzt, für ein paar Wochen zu pausieren. Die Prüfungen würden nahen, sagt er, „und ich muss echt viel nachholen".

Das Allererste, was Yannick Kiefl sagt, ist jedoch: Er sei keineswegs der Sprecher von „Fridays for Future München". Er sei nur einer der Organisatoren, aber das sei eine größere Gruppe. Genauer gesagt, seien es an die 100 Leute, so viele seien jedenfalls im Chat. Aber natürlich seien nicht alle immer gleichermaßen aktiv.

Kiefl will sich nicht in den Vordergrund rücken. Diese Zurückhaltung hat Methode. Der Personenkult um Greta Thunberg etwa stößt vielen Aktivisten bei allem Respekt sauer auf, ebenso der Rummel um die in vielen Talkshows präsente Berliner Organisatorin Luisa Neubauer, die nicht nur von Boulevardmedien, sondern selbst vom deutschen öffentlich-rechtlichen Rundfunk bereits als „deutsche Greta" bezeichnet worden ist. Die Sache solle im Vordergrund stehen, nicht einzelne Personen, erklärt Kiefl. Und das Problem ist auch: Steht eine Person im Rampenlicht, macht jeder Fehltritt die ganze Bewegung angreifbar. Es genügt, dass Greta Thunberg ein Foto veröffentlicht, auf dem zu sehen ist, wie sie auf dem Weg zum Weltwirtschaftsforum in Davos mit dem Zug durch Dänemark fährt, und vor ihr auf dem Tisch liegen nicht nur in Plastik verpackte Lebensmittel, sondern auch ein Paar mutmaßlich um die halbe Welt verschiffte Bananen. Es genügt bereits, dass Luisa Neubauer in sozialen Netzwerken einmal Urlaubsfotos aus Hong Kong, Indonesien oder Tansania veröffentlicht hat. Schon wird Thunberg als

Heuchlerin beschimpft, Neubauer als „Langstrecken-Luisa"
verhöhnt. Sachliche Argumente gehen dann unter.

Wenn es öffentliche Auftritte zu besetzen gibt, schickt
„Fridays for Future München" bewusst nicht immer dieselben Aktivisten dorthin, sondern wechselnde Gesichter. Die
Botschaft ist: „Fridays for Future", das sind nicht einzelne
von uns, das sind nicht nur Greta Thunberg und Luisa Neubauer, das sind nicht nur Ben Awenius und Yannick Kiefl,
sondern das sind wir alle.

Wer genau dieses „wir alle" ist, das haben zuletzt das Institut für Protest- und Bewegungsforschung in Berlin und
das Forschungszentrum Socium der Universität Bremen
für eine internationale Studie erhoben. Am 15. März 2019,
als deutschlandweit etwa 300 000 Menschen mit „Fridays
for Future" demonstrierten, zogen die Forscher zu den
Klimastreiks in Bremen und Berlin und befragten dort
343 Demonstranten; 339 weitere füllten einen Online-Fragebogen aus. Weil sich die Ergebnisse beider Erhebungen
gleichen, seien sie „weitgehend repräsentativ", urteilten
die Wissenschaftler. Und diesen Ergebnissen zufolge ist
„Fridays for Future" überdurchschnittlich jung, weiblich
und gebildet.

Die Studie hat einen Nachteil: Aus rechtlichen und for-
schungsethischen Gründen befragten die Forscher ausschließlich Demonstranten ab 14 Jahren. Bei einem Schulstreik, bei dem regelmäßig auch zahlreiche Siebtklässler, also
13-Jährige, auf die Straße gehen, verzerrt dieser Umstand
naturgemäß das Ergebnis, die Demonstration erscheint von
ihren Teilnehmern her im Durchschnitt älter, als sie in Wahrheit ist. Trotzdem aber war mehr als die Hälfte derjenigen,
die einen Online-Fragebogen ausfüllten, jünger als 20 Jahre.

Ein derart junger Protest ist in der deutschen Geschichte bislang ohne Beispiel. Fast 60 Prozent der Befragten waren außerdem Mädchen und Frauen, auch das ist außergewöhnlich, denn Demonstrationen sind gemeinhin eher Männer-Domänen. Und 90 Prozent der Befragten hatten bereits mindestens Abitur oder wollten später Abitur machen; nur knapp fünf Prozent hatten einen Real-, Mittel- oder Gemeinschaftsschulabschluss oder strebten einen an. Das entspricht grundsätzlichen Beobachtungen von Wahlforschern, denen zufolge sich Menschen umso eher politisch engagieren, je höher ihr Bildungsgrad ist. Und das Ergebnis entspricht auch Beobachtungen in verschiedenen Städten, denen zufolge „Fridays for Future" vor allem an Gymnasien präsent ist, weniger an Mittel-, Haupt- oder Realschulen, obwohl die Aktivisten bewusst auch an diesen Schularten für ihr Anliegen werben. Allerdings darf die hohe Zahl von 90 Prozent auch nicht überbewertet werden. In Bremen und Berlin gibt es neben dem Gymnasium keine Mittel-, Haupt- oder Realschulen wie in anderen Bundesländern, sondern lediglich Sekundar- beziehungsweise Oberschulen, und von diesen bieten einige ebenfalls einen Zweig zum Abitur an. Wer diesen Abschluss anstrebt, muss dort also nicht zwangsläufig Gymnasiast sein.

Dennoch zeigen die Zahlen: „Fridays for Future" spricht eher die Gebildeten an. Darüber hinaus ordnen sich die Demonstranten selbst eher der oberen Mittelschicht zu. Das passt wiederum zu Beobachtungen, dass nicht nur wirtschaftliche Not, sondern auch Wohlstand die Bereitschaft zum Protest erhöhen kann: Wer sich unmittelbare Sorgen um seine persönliche Zukunft machen muss, der hat weniger Anreiz, sich mit umfassenderen Problemen wie zum Beispiel dem Klimawandel auseinanderzusetzen.

Wem es dagegen materiell gut geht, der stellt sich eher Fragen nach seinem Lebensstil. Politisch zu werden, müsse man sich leisten können, brachte das zuletzt zum Beispiel der Sozialwissenschaftler Klaus Hurrelmann auf den Punkt. Er verglich die Situation mit 1968: Schon jene Protestgeneration habe wirtschaftlich eine blendende Situation vorgefunden, erklärte er im Gespräch mit der *Süddeutschen Zeitung*. Den heutigen Schülerinnen und Schülern gehe es ebenso.

Politisch stehen die Demonstranten der Studie zufolge eher links. Viele identifizieren sich – in Anbetracht dessen, dass es ihnen um den Klimaschutz geht, wenig überraschend – mit den Grünen. Wobei die Befragten generell der Regierung ebenso wie Unternehmen eher wenig bis gar nicht zutrauen, die akuten Probleme zu lösen. Mehr Hoffnung setzen sie da schon auf Wissenschaftler sowie auf ihren eigenen Einfluss, indem sie zum Beispiel ihr Konsumverhalten ändern. Und tatsächlich: Ein Großteil der Demonstranten fordert nicht einfach nur Konsequenzen von der Politik ein, sondern beginnt bei sich selbst, auch das legt die Studie nahe. Vier Fünftel der Befragten achten demnach beim Einkaufen auf ethische, politische oder ökologische Fragen. Mehr als zwei Drittel haben ihre Ernährung umgestellt. Immer noch weit mehr als die Hälfte der Befragten sagten, sie hätten ihren persönlichen Energieverbrauch reduziert. Und mehr als die Hälfte der Befragten gab an, sie seien „überwiegend" oder „voll und ganz" zuversichtlich, dass sich die Folgen des Klimawandels noch eindämmen lassen.

Yannick Kiefl ist insofern wohl nicht sonderlich repräsentativ für „Fridays for Future". Denn Hoffnung macht er sich kaum. Es sei zwar etwas in Bewegung, sagt er. Bei einer Rede neulich habe etwa Bayerns Ministerpräsident Markus

Söder (CSU) Dutzende Male „Fridays for Future" gesagt. Aber wenn die Regierungen und die Parteien nun so tun, als wären sie auf Klimaschutz aus, dann sei das nur geheuchelt. „Wir wissen schon seit 30, 40 Jahren über den Klimawandel Bescheid", sagt Kiefl. Auch wenn sich nun etwas ändere, es geschehe viel zu langsam. „Die Parteien ändern nicht groß ihre Richtung wegen der Streiks. Die hoffen eher, dass die Schüler irgendwann aufhören und sagen: Wir haben keinen Bock mehr."

Die Münchner Demonstration hat an diesem Freitag ihr Ziel erreicht. Der Lautsprecherwagen steht im Sand am Ufer der Isar, und über das Mikrofon spricht ein Ingenieur den Schülerinnen und Schülern Mut zu. Solarenergie werde immer günstiger, sagt er. Autos ließen sich mit synthetisch hergestelltem Treibstoff antreiben, der treibhausgasneutral sei. Technisch sei das alles machbar, es fehle nur der politische Wille. Und andere Gruppen, Erwachsene, würden sie in ihrem Ringen für den Klimaschutz unterstützen.

Die Schüler und Studenten ziehen sich derweil um. Es ist ungemütlich, es hat zu regnen begonnen, und es weht ein unangenehmer Wind. Lu Brömer bleibt am Ufer stehen, ihr ist es zu kalt. Auch das aufblasbare Einhorn bleibt im Trockenen. Doch etwa 30 Demonstranten steigen unverdrossen ins Wasser, zumindest bis zu den Knien, weiter hineinzugehen wäre zu gefährlich, die Isar ist ein reißender Fluss und kein Badesee. Eine der Jugendlichen nimmt ein selbstgebasteltes Windrad mit ins Wasser, eine andere einen weiß-roten Rettungsring. Einer hält das aufblasbare Pizzastück hoch, die anderen halten ein Transparent. So stehen sie im Fluss und posieren für die Pressefotografen.

In München habe es „Fridays for Future" eher schwer, glaubt Yannick Kiefl. Er war gerade ebenfalls mit den Beinen in der Isar, aber jetzt steht er wieder im Trockenen, vor dem Regen ist er in eine Fußgängerunterführung geflohen. „München ist einfach eine ziemlich unpolitische Stadt", klagt er. „In München sind ja sogar die Universitäten unpolitisch." In Hamburg zum Beispiel ließen sich erheblich schneller und einfacher Menschen für eine Kundgebung mobilisieren als hier. Ende Mai 2019 etwa, kurz vor der Europawahl, als „Fridays for Future" zum zweiten Mal zu einem internationalen Klimastreik aufrief, da versammelten sich in Hamburg laut Polizei etwa 17 000 Demonstranten. In München zählte die Polizei nur etwa 3500 Teilnehmer.

Schuld daran sind nicht nur die Studentinnen und Studenten. Der Freistaat Bayern hat den Einfluss der Studierenden in den Siebzigerjahren gezielt zurückgedrängt; er ist derzeit das einzige deutsche Bundesland, dessen Hochschulgesetz keine selbstverwaltete verfasste Studierendenschaft zulässt. Noch dazu ist die bayerische Hauptstadt teuer; nur wenige Studenten können sich das Wohnen leisten, ohne neben dem Studium zu arbeiten. Immerhin: „In München köchelt es jetzt", glaubt Kiefl. Verschiedene Gruppen von Aktivisten seien mittlerweile aktiv. Um „Fridays for Future" endlich auch in die Hochschulen zu tragen, habe sich Anfang Juli die Gruppe „Students for Future" gegründet. Und beim Marsch zur Isar sind an diesem Freitag auch Plakate und Schilder anderer Gruppen zu sehen gewesen. „Scientists for Future" stand auf manchen. Andere trugen Schilder, auf denen „Omas gegen Rechts" stand oder „Senioren for Future".

Nicht nur die Jugendlichen würden derzeit politischer, sagt Martina Gille, Soziologin am Deutschen Jugendinstitut in München. Umfragen zeigen, dass das politische Interesse in den vergangenen Jahren allgemein gestiegen sei. „Fridays for Future" treffe nun einen Nerv auch bei vielen Älteren.

Etwas mehr als eine Woche, nachdem „Fridays for Future" zu Isar gezogen ist, stehen mehr als 10 000 Menschen, junge wie alte, vor der Münchner Feldherrnhalle, um für mehr Klimaschutz zu demonstrieren. Es ist der 21. Juli 2019 und das erste Mal, dass „Fridays for Future" in München nicht an einem Freitag demonstriert, sondern an einem Sonntag. Eine Woche vor Beginn der bayerischen Sommerferien haben nicht nur die Schülerinnen und Schüler zur Kundgebung aufgerufen, sondern auch die „Scientists for Future", die „Parents for Future" und viele weitere Organisationen. Sie alle demonstrieren unter dem Motto „Munich for Future": Es ist eine der größten Kundgebungen der Bewegung in München.

4

WIR SIND DIE PROFIS, UND WIR SAGEN: DIE JUNGE GENERATION HAT RECHT!

Die Schülerinnen und Schüler sind nicht allein, das ist überdeutlich, nicht nur an jenem Sonntag im Juli 2019 in München. Bei den Demonstrationen für mehr Klimaschutz sind schon nach wenigen Wochen neben die Banner von „Fridays for Future" andere Plakate, Schilder und Transparente getreten. „Teachers for Future" ist auf diesen zu lesen, „Omas for Future", „Künstler for Future" oder auch „Mittelalte weiße Männer for Future". Häufig halten Einzelne diese Schilder hoch, die schlicht ihre persönliche Solidarität mit den Jugendlichen zeigen wollen. Hinter anderen aber stehen Gruppen, die sich organisiert haben, um die Demonstrationen dauerhaft zu unterstützen, darunter Wissenschaftler und Unternehmer, Eltern, Künstler und Mediziner. Was treibt sie an?

Zurück nach München, zu einer anderen Kundgebung: Ein Besuch bei den Erwachsenen im Schulstreik.

DIE ELTERN

„Unsere Kinder haben vorgelegt", sagt Winfried Wahl. „Und wir Eltern haben gesagt: Wir müssen zeigen, dass wir hinter ihnen stehen. Wir dürfen sie nicht alleine lassen." Seit Februar 2019 gehen gemeinsam mit den Jugendlichen auch die „Parents for Future" auf die Straße. An diesem Tag, dem 24. Mai 2019, steht Winfried Wahl auf der Münchner Theresienwiese. „Fridays for Future" hat zum internationalen Schulstreik aufgerufen, und die „Parents for Future" haben es ihnen gleichgetan. „Gemeinsam gegen den Klimawandel" steht auf ihren Handzetteln. Die Klimakrise sei längst eine reale Bedrohung. „Vor allem unsere Kinder werden die Leidtragenden sein. Deswegen gehen wir zusammen mit ihnen auf die Straße."

Angefangen hätten damit Eltern in Berlin und in Nordrhein-Westfalen, erzählt Winfried Wahl. Er selbst gründete daraufhin eine Ortsgruppe der „Parents for Future" in München. Am 22. Februar 2019 standen die Mütter und Väter zum ersten Mal gemeinsam mit ihren Töchtern und Söhnen vor dem Neuen Rathaus auf dem Münchner Marienplatz. Kalt und nass sei es damals gewesen, erinnert sich Wahl. Doch die Demonstranten gingen dennoch wieder auf die Straße, Woche für Woche, beide Generationen. An diesem Tag im Mai scheint nun die Sonne, es ist schwül. Die Älteren haben sich am Rande der Kundgebung auf der Theresienwiese aufgestellt, dort, wo es weniger eng ist, und entrollen ein Transparent. „Kindermund tut Wahrheit kund!", steht darauf in großen Buchstaben.

Die „Parents for Future" haben sich ein rundes, grünes Logo mit einer Weltkugel in der Mitte gegeben, es ähnelt stark demjenigen von „Fridays for Future". Und die Bewegung der Eltern hat sich nicht nur optisch an derjenigen der Jugendlichen orientiert. Die Mütter und Väter haben sich ebenfalls dezentral in Ortsgruppen organisiert und Arbeitsgruppen gebildet, in denen sie über ihre Strategie diskutieren, über ihre Öffentlichkeitsarbeit oder auch über mögliche Kooperationen mit anderen Gruppen. Derzeit treffen zum Beispiel in München etwa 40 Aktive alle zwei Wochen zusammen, ihr Chat-Verteiler umfasst rund 180 Mütter und Väter. Die „Parents for Future" geben sich ebenfalls überparteilich, so wie der Nachwuchs. Und bundesweit stimmen sich die Ortsgruppen ebenfalls über Delegierte ab. „Fridays for Future" sei ihr Vorbild, bestätigt Petra Böhnisch, die Delegierte der Münchner Ortsgruppe; sie demonstriert an diesem Freitag ebenfalls auf der Theresienwiese. „Wir lernen von den Schülern", sagt sie. „Die sind fantastisch organisiert. Und sie geben ihre ganze Jugend für diese Bewegung."

Was die Eltern beitragen können, ist nicht nur Unterstützung bei den Kundgebungen. Bundesweit betreuen die Eltern zum Beispiel Infostände. Sie werben bei Schulleitern und Lehrern um Verständnis. Und im März 2019 initiierten sie eine Petition an den deutschen Bundestag. Dieser möge binnen sechs Monaten ein Gesetz verabschieden, um die Emissionen von Kohlendioxid und anderen Treibhausgasen bis zum Jahr 2040 möglichst auf null zu reduzieren, heißt es in dieser Petition. Mehr als drei Jahre nach der Pariser Klimakonferenz habe Deutschland noch immer kein verbindliches Klimaschutzgesetz, mit dem das damalige Abkommen einzuhalten wäre. „Sinn- und wirkungsvolle Einzelmaßnahmen sind sicher hilfreich, aber sie haben sich bislang bei Weitem nicht als ausreichend erwiesen." Es brauche endlich eine umfassende Strategie. Die Petition ist von mehr als

70 000 Bürgern unterzeichnet worden, nun muss sich der Petitionsausschuss des Bundestags in öffentlicher Sitzung mit ihr befassen. Laut „Parents for Future" ist die Anhörung für den 23. September 2019 vorgesehen.

Ihr persönliches Engagement habe mit dem heißen Sommer von 2018 begonnen, erzählt Petra Böhnisch. Jenes Jahr war in Deutschland das wärmste seit Beginn der Wetteraufzeichnungen; global gesehen war es das viertwärmste. Noch heißer war es weltweit nur in den Jahren 2015, 2016 und 2017; das fünftwärmste Jahr war 2014.

Sie und ihr Mann hätten sich daraufhin systematisch in die Hintergründe der Klimakrise eingelesen, sagt Böhnisch. „Wir waren sehr beunruhigt." Schon früh habe sie auch überlegt, ob sie nicht eine Demonstration organisieren sollte. Ihr Mann habe sie aber gebremst: Sie solle doch zuallererst einmal konkrete Forderungen formulieren. „Wie Erwachsene halt so sind", sagt Böhnisch. Doch dann kamen bereits die ersten Kundgebungen von „Fridays for Future". Seit Februar demonstriere sie nun fast jede Woche mit, auch im Urlaub. Wenn sie verreise, besuche sie Mitglieder der Ortsgruppe, die dem Urlaubsort am nächsten liegt, um sich zu vernetzen. Und wenn sie etwas bei Ebay verkaufe, packe sie nun immer einen Flyer von „Parents for Future" dazu.

Neben den Demonstrationen träten derzeit Überlegungen in den Vordergrund, wie man Akzente in der Politik und in Unternehmen setzen kann, erzählt Böhnisch – und ebenso die Arbeit in den Schulen. Doch das Werben um Unterstützung sei noch immer zäh, sagt Böhnisch. Das Interesse der anderen Mütter und Väter wachse nur langsam. Dass die „Parents for Future" derart viel Überzeugungsarbeit leisten müssten, sei eigentlich eine Bankrotterklärung seitens der

Erwachsenen, findet sie. „Vielen ist einfach nicht bewusst, an was für einem kritischen Punkt der Menschheitsgeschichte wir stehen." Dabei stünden die Informationen darüber allen zur Verfügung. Und auch das Argument, die Energiewende schade der Wirtschaft, kann sie nicht mehr hören. „Gegen wirtschaftliches Handeln ist nichts zu sagen. Aber diese Ausrichtung von Ökonomie hat doch erst dazu geführt, dass wir hier stehen müssen! Unsere wichtigste Aufgabe kann nur sein, Verantwortung für die Zukunft unserer Kinder zu übernehmen." Die Jungen würden zunehmend genau beobachten, wie die Alten mit der Krise umgehen, und ob sie handeln. „Dies wird ihren Blick auf die Welt beeinflussen", sagt Böhnisch. Und es bleibe für sie unverständlich, „dass Politiker zwar über viele Gutachten und Expertenaussagen verfügen, aber trotzdem Business as usual machen". Es erhärte sich der Eindruck, dass sie trotz allem nicht ausreichend informiert seien. „Für mich hat sich mit dieser Bewegung alles verändert."

Tina Bonertz ist keine von denen, die lange überzeugt werden mussten. Die Mutter von drei Kindern ist ebenfalls zur Kundgebung auf die Theresienwiese gekommen. Umwelt- und Klimaschutz seien für sie nichts Neues, sagt sie. Sie selbst habe einen Master in Umweltwissenschaften, und ihr Mann sei Umwelttechniker. Zuhause würden sie schon seit 15 Jahren Ökostrom nutzen, seit zehn Jahren seien sie nicht mehr geflogen. Lebensmittel würden sie hauptsächlich aus biologischer Herstellung und von regionalen Anbietern kaufen, erzählt sie, und die Kinder würden ihre Kleidungsstücke über Internetportale tauschen. Doch selbst wenn sich alle Menschen privat so viel Mühe geben würden: Es würde nicht reichen, um die Klimaerhitzung aufzuhalten, sagt sie. Nötig sei eine tiefgreifende Reform; die Politik aber bleibe seit Jahren untätig. Lobbyisten würden den Klimaschutz blockieren, und der Regierung sei die Wirtschaft wichtiger als das Klima. Doch diese Wirtschaft funktioniere nur, weil die Firmen nicht für die Umweltschäden geradestehen müssen, die sie bei der Herstellung ihrer Produkte verursachen. „Die Gewinne machen Konzerne, die Kosten für die zukünftigen Schäden trägt die Allgemeinheit", klagt Bonertz.

Den Schritt zu „Parents for Future" ging Tina Bonertz, als ihre eigenen Kinder Probleme bekamen. Sie wollten einmal freitags demonstrieren gehen, erzählt sie. Die Schulen aber sagten ihnen, sie dürften nicht. „Die haben den Kindern Angst gemacht." Eines ihrer Kinder habe sich danach nicht einmal mehr ins Sekretariat seiner Schule getraut.

Den Kindern werde unterstellt, sie würden von den Eltern instrumentalisiert, und ihnen werde erzählt, dass die Schule wichtiger sei als ihr Einsatz für Klimaschutz und Gerechtigkeit. „Ich finde das indiskutabel", sagt Bonertz. Das Wichtigste sei doch, dass Kinder die Erfahrung machen, selbst etwas bewirken zu können.

Jetzt setzt sie ihre Hoffnung auf „Fridays for Future". Die Jugendlichen seien „unsere einzige Chance", sagt sie. Es sei ihnen gelungen, mehr Druck aufzubauen als Wissenschaftler und Umweltverbände all die Jahre zuvor. „Daher will ich ihnen so viel wie möglich den Rücken stärken, damit sie für sich eine saubere und gerechtere Welt erkämpfen können, wenn wir das als Elterngeneration bislang schon nicht geschafft haben." Sie wolle mit den „Parents for Future" weiterkämpfen und auch außerhalb ihrer eigenen Blase möglichst breit für den Klima- und den Artenschutz werben, bis die Forderungen von „Fridays for Future" erfüllt werden.

Streiken freilich kann Tina Bonertz deswegen nicht, ebenso wenig wie Petra Böhnisch. Beide Mütter arbeiten in Vollzeit. Für „Parents for Future" nutzen sie ihre Gleitzeit. Oder sie nehmen sich freitags frei.

„IHR SEID ALLES HELDEN! IHR SEID HIER UND IHR KÄMPFT FÜR EURE ZUKUNFT."

Gastbeitrag von Michael Bully Herbig

Es gibt leider diesen Beißreflex. Das hat man schon bei Greta Thunberg gesehen. Ich habe sie einmal persönlich getroffen, bei der Verleihung der Goldenen Kamera, und es hat mich schwer beeindruckt, mit welcher Klarheit und Sachlichkeit sie spricht. Als ihr Protest losging, musste sie sich anhören: Ist ja süß! Guck mal. Setzt sich da einfach mit 'nem Pappschild vor den Schwedischen Reichstag, wie so 'ne kleine Pippi Langstrumpf. Dann hält sie ihre erste Rede, und sie sagen: Hui, das ist ja toll, wie gut die Englisch kann! Doch dann wird die Bewegung immer größer, und das Ach-wie-süß bringt nichts mehr. Also heißt es: Die wird doch bezahlt. Das arme Mädchen wird vorgeführt und benutzt. Plötzlich müssen sich die Demonstranten von Politikern sagen lassen, dass sie von der Sache keine Ahnung hätten. Wenn sich dann weltweit Forscher hinter die Jugendlichen stellen, dann gehen ihnen auch diese Argumente aus. Und dann kommen richtige Anfeindungen. Dann ist die Rede von Panikmache, und es sei alles radikal. Anstatt dass man vernünftig miteinander diskutiert.

Klar, ich kann alle diese Sorgen verstehen. An Kohlekraftwerken zum Beispiel hängen Arbeitsplätze. Man kann nicht sagen: Wir machen das Kraftwerk dicht, und was mit euch passiert, ist egal. Aber es ist die Aufgabe der Politik, diesen Menschen eine andere Perspektive zu geben. Das hätte längst geschehen müssen.

„Ich bin heute hier, weil ich mal etwas Vernünftiges in meiner Mittags-
pause machen wollte. Ich bin überwältigt, was ihr hier macht, ich finde
das so geil, und ich bin richtig stolz auf euch. Die meisten von euch dürfen
wahrscheinlich noch nicht wählen und können nicht gewählt werden, aber
ihr habt alle eine Stimme. Und was eine Stimme bewirken kann, hat unsere
Freundin Greta Thunberg bewiesen. ... Ihr, ihr seid alles Helden! Ihr seid
hier und ihr kämpft für eure Zukunft. Und ich schäme mich für meine
Generation, dass wir das nicht früher gemacht haben!"

Bully am 25. Januar 2019 vor dem Bundeskanzleramt in Berlin

Ich kann auch verstehen, wenn Leute fragen: Warum sollen
wir jetzt auf unser Schnitzel verzichten, während in China
weiterhin Dreck in die Luft geblasen wird? Und warum sollen wir Kohlekraftwerke abbauen, wenn anderswo Hunderte
von ihnen neu entstehen? Aber sollen wir deshalb auch neue
Kohlekraftwerke bauen? Da muss doch jeder einsehen, dass
das nicht vernünftig ist.

Und natürlich klingt es erst einmal hart, wenn einer von
„Fridays for Future" kommt und sagt: Alle Inlandsflüge müssen gestrichen werden. Da denke ich mir auch: Huch, das ist
gewagt! Aber wir sollten uns tatsächlich fragen, wie viel wir
fliegen, und ob diese Flüge wirklich so günstig sein müssen.
Warum kann man darüber nicht sprechen, ohne sich gleich
zu echauffieren?

Ich habe diesen Beißreflex auch persönlich erlebt. Ich war im
Januar 2019 beruflich in Berlin und habe von dem Schüler-
streik dort gehört. Mein Bauchgefühl war: Großartig! Ich war
beeindruckt, fast schon erleichtert, dass da etwas passiert,
und habe spontan meine Unterstützung angeboten. Ich war
dann auf der Demo, habe ein paar Sätze gesagt und ein Bild
davon in die sozialen Medien gestellt. Und was passiert dann?

„Ich bin hier, um euch dafür zu danken, was ihr mit mir macht! Ich habe mir lange Zeit nicht viele Gedanken gemacht. Es war alles selbstverständlich, es war alles cool. Und auf einmal geht ihr auf die Straße und erinnert mich an Dinge, die sehr wichtig sind. Ihr seid daran schuld, dass ich mir jetzt tatsächlich Gedanken mache, ob ich immer mit dem Auto fahren muss, und ob ich unbedingt fliegen muss, und ob ich jede Woche Fleisch essen muss. Alle diese Dinge, die macht ihr mit mir. Und ich glaube, das macht ihr mit vielen, vielen anderen auch!"

Bully am 24. Mai 2019 auf der Theresienwiese in München

90 Prozent der Leute finden das gut. Andere aber schlagen dir das sofort um die Ohren, von wegen: Was willst Du denn? Jetzt kommt der Schauspieler daher, der Clown, und will uns was über Politik erzählen. Der feine Herr steht auf der Klimaschutzdemo, hat aber eine Daunenjacke an. Ja, die hatte ich an! Ich gelobe Besserung und werde beim nächsten Jackenkauf genauer hinsehen, ich bin ja lernfähig. Aber das ist genau dieser Reflex: Du willst niemandem schaden, sondern sagst nur, dass wir besser auf unsere Umwelt achten müssen, aber sie zeigen sofort mit dem Finger auf Dich. Und es kommen Sätze wie: Dann will ich aber mal sehen, wie Du in Zukunft noch Deine Filme machen willst!

Dabei gäbe es darauf eine gute Antwort. „Buddy" zum Beispiel haben wir 2013 komplett grün gedreht. Wir haben den Mitarbeitern Fahrräder zur Verfügung gestellt. Es wurden Fahrgemeinschaften gebildet, es gab auch Hybrid-Autos. Längere Strecken sind wir, wenn möglich, mit dem Zug gefahren. Die Kulissen haben wir am Ende an Handwerker vor Ort abgegeben, an Schreiner etwa oder Maler, zum Recycling. Wir haben das Catering komplett plastikfrei gehalten, wir hatten normale Teller und normales Besteck. Es gab keine

Plastikflaschen, sondern Wasserspender, jeder hatte Thermosflaschen für Kalt- und Heißgetränke. Wir haben bei lokalen Anbietern eingekauft. Es gab auch einen Tag, den wir zwar nicht Veggie-Day genannt haben, an dem es aber kein Fleisch gab. Da gucken Dich die Leute dann schon erstmal ein bisschen schräg an. Aber es hat funktioniert und geschmeckt! Alle waren happy, und am Ende fanden alle die Aktion richtig gut, vom Praktikant bis zum Abteilungsleiter.

Wir haben für „Buddy" in Hamburg den „Grünen Drehpass" bekommen. Andererseits mussten wir auch feststellen, dass das grüne Drehen eine Produktion erheblich verteuert. Man sagt ja beim Film, man will das Geld auf der Leinwand sehen. Aber die Anreize zum Beispiel durch Fördermittel waren 2013 noch nicht so ausgeprägt, dass sich das jeder Produzent hätte leisten können. Die Situation hat sich bisher auch nicht wesentlich verbessert. Bei den Produktionen nach Buddy haben wir dann leider nicht mehr alles so umsetzen können, aber wenigstens die großen Brocken.

So etwas hat, glaube ich, einen ähnlichen Effekt wie „Fridays for Future". Du haust nicht mit dem Hammer drauf, aber Du bringst die Leute zum Nachdenken. Es geht ja darum, einen Weg zu finden für eine bessere Zukunft, für die nächsten Generationen. Das sind große Worte, aber wenn man auf dieser Ebene miteinander spricht, dann verschieben sich die Prioritäten. Niemand will, dass es seinen Kindern schlecht geht.

Bei mir hat „Fridays for Future" ein Umdenken ausgelöst.

Ich versuche, weniger zu reisen. Ich überlege: Braucht es diese Konferenz wirklich, oder geht es auch über Skype? Muss ich fliegen? Ich möchte in Zukunft öfter den Zug nehmen oder mit dem Fahrrad ins Büro fahren. Das dauert eine halbe Stunde, das kriege ich hin. Zuhause diskutieren wir über Plastikmüll und darüber, wie viel Fleisch wir essen. Und ich will mein Auto hergeben. Ja, ich habe einen SUV. Ich habe einen größeren Wagen, weil ich häufig viel transportieren muss. Trotzdem probiere ich jetzt ein Elektroauto aus, wohlwissend, dass Elektroautos auch nicht das Gelbe vom Ei sind.

Und wenn das alles bei mir passiert, dann hoffentlich auch bei vielen anderen.

Es ist schwierig zu verlangen, dass die Leute sofort den Schalter umlegen. Aber das sind alles erste Gedanken, und wenn sich jeder persönlich hinterfragt, dann hat das einen Effekt.

Ich finde es gut, dass solche Typen nicht mehr damit durchkommen, wenn sie sagen: Überlasst das mal den Profis. Auch ein Verkehrsminister, der sich hinstellt und sagt, eine Geschwindigkeitsbegrenzung auf der Autobahn sei gegen jeden Menschenverstand, kommt damit nicht mehr durch. Zu behaupten, dass wir dann weniger Autos verkaufen würden, ist doch ein Witz.

Ich habe zuhause einen neunjährigen Sohn. Wenn der jetzt 14 oder 15 Jahre alt wäre und mich fragen würde: Papa, darf ich da am Freitag mitlaufen? Dann würde ich sagen: klar. Du musst es ja nicht jeden Freitag machen. Geh halt jeden dritten.

DIE KÜNSTLER

Michael Bully Herbig gehörte zu den ersten, die sich im April 2019 auch als Künstler und Kulturschaffende hinter „Fridays for Future" stellten. Der Schauspieler, Komiker und Filmemacher ist – ebenso wie zum Beispiel die Schauspielerin Nora Tschirner oder auch der Sänger Max Mutzke – einer der Erstunterzeichner der Stellungnahme der „Artists for Future". „Die Proteste der ‚Fridays-for-Future'-Bewegung verfolgen wir mit Respekt und Dankbarkeit", heißt es hier.

Sie wollten die Schülerinnen und Schüler mit ihren Mitteln unterstützen: mit künstlerischem Ausdruck und mit ihrer Prominenz, also mit einem Eintreten für den Klimaschutz in der Öffentlichkeit.

Die Ziele des Pariser Abkommens einzuhalten sollte für die Politik eigentlich ein selbstverständliches Ziel sein, heißt es in der Stellungnahme der Künstler weiter: Schließlich hätten es die Regierungschefs selbst verhandelt sowie unterschrieben und die Parlamente ratifiziert. Umso irritierender sei es, dass Politiker versuchten, vom Thema abzulenken, dass statt über den Klimaschutz über die Schulpflicht diskutiert werde, dass Beteiligte hetzerisch diffamiert würden und einige Politiker versuchten, „die Proteste ohne erkennbaren Handlungswillen in Lob zu ersticken". Künstler dagegen hätten Einfluss darauf, wie die Menschen die Welt sehen: Kunst reflektiere und schaffe gesellschaftliche Realitäten oder stelle sie infrage, daher hätten Künstler eine Mitverantwortung für das, was als normal angesehen werde. Dieser Verantwortung wollten sie sich entschlossen annehmen.

Seit April 2019 haben mehr als 2700 Künstler und Kulturschaffende diese Stellungnahme unterschrieben.

DIE WISSENSCHAFTLER

Der Klimawandel kann auch hübsch aussehen. Etwa auf dem Schild, das Michael Stöhr hochhält. Dort prangt ein Kreis mit verschiedenfarbigen, vertikalen Streifen, den „warming stripes" des britischen Klimaforschers Ed Hawkins. Die Farben stehen für die globale Durchschnittstemperatur der Erde, jeder Streifen steht für ein Jahr. Links und in der Mitte sind diese Streifen hauptsächlich blau, rechts aber werden sie plötzlich tiefrot. Die Grafik macht sofort verständlich, dass es nicht normal ist, was derzeit geschieht, dass heiße und sehr heiße Jahre zuletzt erheblich häufiger geworden sind, und wie sehr die Temperaturen bereits angestiegen sind. Die Grafik ist so simpel wie verstörend. Sie ist das Logo der „Scientists for Future".

Michael Stöhr ist einer der Koordinatoren dieser Gruppe in München. Hier sind derzeit 100 Wissenschaftler aktiv, vom Klimaforscher und Ingenieur bis zum Kommunikationswissenschaftler, Stöhr selbst ist Physiker. Es ist der 24. Mai 2019, Stöhr läuft gerade mit etwa 3000 weiteren Demonstranten den Münchner Bavariaring entlang. „Ich bin als Wissenschaftler hier politisch dabei", sagt er, das sei kein Widerspruch. „Es gibt Situationen, in denen Forscher nicht schweigen dürfen." Die Atomrüstung sei eine solche gewesen. Der Klimawandel sei erneut eine derartige Situation. „Wir Wissenschaftler sind hier, um zu zeigen: Was die Schülerinnen und Schüler sagen, ist richtig", erklärt Michael Stöhr. „Es ist auch nicht übermäßig dramatisiert. Die Situation ist dramatisch, deshalb müssen wir zu radikalen Maßnahmen greifen."

Stöhr ist einer von mehreren Zehntausend Wissenschaftlern, die „Fridays for Future" den Rücken stärken. Gäbe es sie nicht, die Debatte über die Schulstreikbewegung wäre wohl anders verlaufen. Ihr Einspruch hat gewährleistet, dass sich der Protest der Schülerinnen und Schüler nicht als Unfug oder als kindliche Panikmache abtun ließ, sondern dass die Jugendlichen mit ihrem Anliegen Gehör gefunden haben.

In die Öffentlichkeit traten die Wissenschaftlerinnen und Wissenschaftler in Deutschland erstmals im März 2019. Einen wichtigen Anstoß habe aber bereits im Oktober 2018 der alarmierende Sonderbericht des Weltklimarats gegeben, sagt Michael Stöhr. Der habe gezeigt, dass die Weltgemeinschaft noch größere Anstrengungen unternehmen müsse, um den Klimawandel zu bremsen. Dann kam „Fridays for Future". Dann, Ende Januar, veröffentlichten 3450 Wissenschaftler in Belgien einen offenen Brief, in dem sie erklärten: Auf der Basis wissenschaftlicher Fakten hätten die Klimaschutz-Aktivisten „absolut recht". Und dann kam Christian Lindner.

Jenes Interview im März 2019, in dem der FDP-Chef sagte, die globalen Zusammenhänge zu sehen sei „eine Sache für Profis", das könne man von Kindern und Jugendlichen ja nicht erwarten, habe ungeheuer mobilisierend gewirkt, erzählt Stöhr. Christian Lindner hatte die Rechnung ohne die Profis gemacht: In ganz Deutschland fühlten sich Wissenschaftler herausgefordert, sich hinter die Schüler zu stellen, auch in München. Das Maß sei einfach voll gewesen, sagt Stöhr.

Doch „Scientists for Future" war keineswegs nur eine Reaktion auf Christian Lindner. Schon im Februar hatten auf Initiative Gregor Hagedorns vom Museum für Naturkunde in Berlin hin Wissenschaftler in Deutschland, Österreich und in der Schweiz damit begonnen, unter Kollegen für Unterschriften unter eine gemeinsame Stellungnahme zu werben, um die Forderungen von „Fridays for Future" zu unterstützen. „Als Wissenschaftlerinnen und Wissenschaftler erklären wir auf Grundlage gesicherter wissenschaftlicher Erkenntnisse: Diese Anliegen sind berechtigt und gut begründet", heißt es in diesem Papier. Anfang März hatten die Initiatoren bereits 700 Unterschriften gesammelt, darunter die der Klimaforscher Hans-Joachim Schellnhuber und Stefan Rahmstorf vom Potsdamer Institut für Klimafolgenforschung, der Ökonomin Claudia Kemfert, des Ingenieurwissenschaftlers Volker Quaschning, des Arztes Eckart von Hirschhausen und der Politökonomin Maja Göpel, der Generalsekretärin des Wissenschaftlichen Beirats der Bundesregierung „Globale Umweltveränderungen". Am 12. März 2019 traten die Wissenschaftler dann parallel in Berlin, Wien und Graz an die Öffentlichkeit. Zu diesem Zeitpunkt hatten bereits 12 155 Forscher unterzeichnet – am Ende, weitere zehn Tage später, schlossen die „Scientists for Future" ihre Unterschriftenlisten bei mehr als 26 800 Einträgen. Dass Lindner just zwei Tage vor der gemeinsamen Pressekonferenz in seinem Interview von einer „Sache für Profis" tönte, war für die Wissenschaftler letztlich ein glücklicher Zufall: Die Aufmerksamkeit war ihnen gewiss. Und die Steilvorlage ließen sie nicht ungenutzt.

Andere würden sie „als die Profis bezeichnen, die sich das technisch Sinnvolle und das ökonomisch Machbare ansehen", sagte etwa Maja Göpel vor den Journalisten in Berlin. Sie sähen sich aber zusätzlich auch das ökologisch Notwendige an, und damit ändere sich das Bild rasant. Und Volker Quaschning ergänzte süffisant: „Es gibt ja viele Stimmen aus der Politik, die sagen, geht wieder zur Schule, ihr habt ja keine Ahnung." Auch deswegen seien die Wissenschaftler hier: „Wir

sind die Profis, und wir sagen: Die junge Generation hat recht!"
Ob Lindner der Gegenwind der Profis beeindruckt hat, diese Frage muss letztlich offenbleiben. Nach außen anmerken ließ er sich zumindest nichts. Im April 2019, beim Parteitag der FDP in Berlin, gestand Lindner den Schülerinnen und Schülern immerhin zu, jeder könne klimapolitische Ziele formulieren, auch Jugendliche. Zur technischen Umsetzung seien aber Profis nötig. Dass zwischen Jugendlichen und Profis gar kein Gegensatz, sondern im Gegenteil große Einmütigkeit herrscht, dazu wollte sich Lindner auch auf wiederholte Nachfrage hin nicht äußern.

In München zeigen die Wissenschaftler seit Mitte März regelmäßig Präsenz bei den Freitagsdemonstrationen der Schülerinnen und Schüler. Immer wieder treten sie dabei auch ans Mikrofon – mal, um den Schülern aktuelle wissenschaftliche Erkenntnisse zuzurufen, mal, um ihren eigenen Unmut über die Politik loszuwerden. Michael Stöhr zum Beispiel prangert dann schon einmal die innovationsfeindliche Gesetzeslage zum Ökostrom an: Für Strom aus der eigenen Photovoltaik-Anlage, den man selber verbrauche, müsse man dennoch Abgaben zahlen, sagte er bei einer Kundgebung im Juli. „Das ist so, als würde man für die Tomaten, die im eigenen Garten wachsen, Mehrwertsteuer zahlen, wenn man sie selber pflückt und isst."

Der Ökostrom ist Stöhrs großes Thema. Er erzählt davon, während er einen Demonstrationszug begleitet, das Schild mit den „warming stripes" in der Hand. Er arbeite seit 1992 an der Entwicklung erneuerbarer Energien, sagt Stöhr. „Ich kann daher kompetent sagen, dass eine Umstellung unserer Energieversorgung auf 100 Prozent erneuerbare Energien technisch möglich ist. Sie ist außerdem dringend notwendig.

Und sie ist sogar kostengünstiger, und zwar nicht erst auf lange Sicht, sondern schon kurzfristig." Eine aktuelle Studie rechne das vor. Der Großteil der Energie müsse dann mit Solarzellen erzeugt werden – und auf der anderen Seite müsse man den Energieverbrauch vereinheitlichen: Autos müssten mit elektrischer Energie fahren, nicht mit Diesel oder Benzin. Und heizen müssten die Menschen nicht mit Öl oder Gas, sondern mit elektrischen Wärmepumpen.

Eine Alternative zu den erneuerbaren Energien gebe es ohnehin nicht, sagt Stöhr. Wie er das meint, erklärt er Anfang Juli in einer Rede an der Münchner Ludwig-Maximilians-Universität. Es gebe keinen langfristigen Plan für eine fossile oder nukleare Energieversorgung, sagte er hier vor etwa 400 Zuhörern. Alle sogenannten Prognosen würden „sowohl die Höhe der noch vorhandenen Ressourcen an fossilen Brennstoffen und Uran als auch die Klimakrise" ignorieren. Auf neue Technologien wie die Kernfusion oder die Kohlendioxidabscheidung zu vertrauen sei unredlich: Es gleiche einem „Verstoß gegen das kopernikanische Prinzip, nach dem in wissenschaftlichen Modellen keine willkürlichen Annahmen getroffen werden sollen". Eines hingegen lasse sich schlüssig und ohne willkürliche Annahmen zeigen: Nämlich dass die Menschen ihren Energiebedarf vollständig aus erneuerbaren Quellen decken könnten.

Das Engagement der „Scientists for Future" geht über Reden und Impulsvorträge hinaus. Die Wissenschaftler helfen den Schülerinnen und Schülern – die beeindruckend gut informiert seien, findet Michael Stöhr – auch bei fachlichen Fragen. Wenn ihnen Expertenwissen in einem bestimmten Fach fehlt, fragen sie einschlägig kompetente Kollegen. Und für Interessierte, denen die Hintergründe der

Klimakrise unklar sind, haben sie einen Katalog an Fakten zusammengetragen. Dieser beginnt bei der Feststellung, dass die globale Durchschnittstemperatur im Vergleich zur vorindustriellen Zeit bereits um etwa ein Grad Celsius angestiegen sei; der Katalog warnt unter anderem davor, das Klima könne sich irreversibel verändern, wenn bestimmte Kipppunkte erreicht werden. Und er gibt auch unmittelbare Hinweise für den eigenen Lebensstil. „Ein verstärkter Direktkonsum von pflanzlicher Nahrung reduziert den Bedarf an knapper Ackerfläche, erzeugt weniger Treibhausgase und hat zudem erhebliche gesundheitliche Vorteile", heißt es da etwa.

Die Wissenschaftler suchen darüber hinaus den Kontakt zur Politik, um etwa mit den Fraktionen im bayerischen Landtag zu überlegen, was der Freistaat tun kann, um die Pariser Klimaziele einzuhalten. Und sie wachen darüber, dass die Debatte seriös bleibt. Wenn Halbwahrheiten laut werden, wenn einzelne Daten aus dem Zusammenhang gerissen werden oder eine Seite mit rhetorischen Tricks arbeitet, schreiten sie ein.

Das geschieht nicht erst, seit es „Fridays for Future" gibt. Der Münchner Astrophysiker und Wissenschaftsjournalist Harald Lesch etwa hat bereits im Juni 2016 die Aussagen zum Klimaschutz im Wahlprogramm der rechtsextremen „Alternative für Deutschland" einem Fakten-Check unterzogen und dabei festgestellt: „Die Klimaschutzvorstellungen der AfD gehen an der Wirklichkeit vorbei." Doch seit Woche für Woche Schülerinnen und Schüler für den Klimaschutz demonstrieren, stellen sich die Profis mit ihrem Wissen und ihren Argumenten vor die mutmaßlich Schwächeren. Binnen eines Tages hat zum Beispiel im März 2019 der Klimaforscher Stefan Rahmstorf auf seinem Blog „Klimalounge" ein Klimaquiz auseinandergenommen, das ein AfD-Bundestagsabgeordneter auf einer „Fridays for Future"-Kundgebung in Berlin verteilt hatte. Das Urteil des Wissenschaftlers: Die Partei bemühe uralte Bauernfängertricks von Klimaleugnern, stelle Suggestivfragen und gebe selbst falsche Antworten auf ihre Fragen. Der Fragebogen zeige, „dass die AfD vor allem selbst Nachholbedarf in Sachen Bildung hat".

„KEINER SOLL SAGEN, DIE TEILNAHME AN #FRIDAYSFORFUTURE HABE KEINEN BILDUNGSWERT!"

Gastbeitrag von Stefan Rahmstorf

Angefangen mich in der öffentlichen Diskussion zu engagieren habe ich 2002, im Jahr der Elbe-Flut. Da gab es Artikel in den Medien, die versuchten, den Klimawandel auf die Sonne zu schieben, also auf etwas, was wir nicht beeinflussen können. Das ist mir sogar bei einer Podiumsdiskussion begegnet. Da saß jemand, der legte eine Kurve auf den Tisch und sagte: Das hier belegt doch den Zusammenhang der globalen Erwärmung mit der Sonnenaktivität. Und ich wusste, dass diese Kurve falsch ist. Die war zwar einmal in einer Fachzeitschrift erschienen, war aber von den Autoren wieder zurückgezogen worden, weil sie fehlerhaft war. Für mich war das ein Aha-Erlebnis. Ich dachte mir, wenn jetzt mit bekanntermaßen falschen Kurven versucht wird, die Öffentlichkeit zu täuschen, dann muss ich etwas dazu sagen.

Seitdem bin ich leider zum Experten für Klimaskeptiker-Argumente geworden, nebenher, neben der Forschungsarbeit, die ich hauptsächlich mache.

Als ich damit begonnen habe, sind mir diese Argumente wirklich auf die Nerven gegangen. Mittlerweile sehe ich das eher professionell, es gibt einen gewissen Gewöhnungseffekt. Ich kenne fast alle Argumente, und die meisten lassen sich in zwei Minuten widerlegen. Ab und zu kommt einmal etwas Neues, aber das sehe ich dann eher sportlich. Zuletzt

„In den USA ermitteln Staatsanwälte gegen Exxon wegen systematischer Täuschung der Öffentlichkeit und seiner Kunden und Aktionäre über den Klimawandel. In Deutschland werden dagegen noch heute munter Märchen wiederholt, die Exxon vor Jahrzehnten in die Welt gesetzt hat. Zum Beispiel letzte Woche durch Alexander Gauland im ZDF Morgenmagazin."

Stefan Rahmstorf am 18. September 2017 auf seinem Blog „Klimalounge"

etwa hat jemand auf eine Studie verwiesen, die angeblich beweisen sollte, dass Kohlendioxid nichts mit der Temperatur auf einem Planeten zu tun habe. Es gebe eine andere Formel, die wunderbar die Temperatur aller Planeten im Sonnensystem erkläre. Da denkt sich der Laie natürlich: Oh, wow! Da hat jemand etwas Tolles herausgefunden! Doch in Wahrheit hat einfach jemand die ideale Gasgleichung genommen, sie nach der Temperatur aufgelöst und alle andere Parameter, zum Beispiel den Druck, aus Messdaten eingefügt. Dann kommt natürlich bei jedem Planeten die richtige Temperatur heraus, das ist ja klar. Alles, was diese „Studie" zeigt, ist, dass die ideale Gasgleichung auf allen Planeten gültig ist. Mit dem Treibhauseffekt hat das nichts zu tun.

Der Blog macht Arbeit, aber das Gute ist: Es nützt etwas. Ich bekomme eine Menge Rückmeldungen. Viele Menschen, die den Blog lesen, sind keine Wissenschaftler, sondern arbeiten etwa in Firmen oder in Behörden, oder sie sind in Parteien. Sie werden immer wieder mit Argumenten von Klimaleugnern konfrontiert. Und sie sind dankbar, wenn sie wissen, wo sie verlässliche Informationen darüber finden, was stimmt und was nicht.

Das Schüler-Klimaquiz der AfD: die Auflösung

„Keiner soll sagen, die Teilnahme an #FridaysForFuture habe keinen
Bildungswert! Gestern hat der Bundestagsabgeordnete Karsten Hilse
von der AfD beim Schülerprotest in Berlin ein Quiz zum Klima verteilt, das
für die Schüler durchaus lehrreich sein kann ..., aber nicht unbedingt im
Sinne der AfD. Es könnte Grundlage einer Unterrichtsstunde über politische Propaganda sein".

Stefan Rahmstorf am 16. März 2019 auf seinem Blog „Klimalounge"

Und derzeit ist endlich etwas in Bewegung. Mich hat es über
viele Jahre hinweg immer schockiert, wie wenig unsere Politiker und Abgeordneten eigentlich über die Klimakrise
wissen, obwohl wir seit Jahrzehnten darüber sprechen,
dass sie die größte Bedrohung für die Menschheit in diesem
Jahrhundert ist. Und jetzt – endlich! – habe ich das Gefühl,
dass einige aufgewacht sind und sich mit ihr auseinander-
setzen.

Wir im Potsdam-Institut für Klimafolgenforschung bekommen seit einigen Monaten so viele Presse- und Vortrags-
anfragen wie noch nie. Und vor mehreren Wochen rief das
Kanzleramt an und sagte: Übermorgen will Frau Merkel vor-
beikommen und sich in Ihrem Institut informieren.

Ich bin davon überzeugt, dass das an „Fridays for Future"
liegt. Auch bei der Europawahl im Mai 2019 hätte das Thema
Klimaschutz sicherlich keine so große Rolle gespielt, wenn es
nicht „Fridays for Future" gäbe.

Natürlich gibt es auch andere Faktoren, andere Aktivisten,
andere Organisationen. Allein die Wissenschaft redet sich ja
schon seit vielen Jahren den Mund fusselig. Aber es war Greta
Thunberg, die dann den Nerv getroffen und das ausgespro-
chen hat, was viele junge Menschen bereits dachten.

Für mich ist „Fridays for Future" ein wahnsinnig hoffnungsvolles Zeichen. Denn uns läuft die Zeit davon! Wir sind gerade dabei, die Chance, die globale Erwärmung noch deutlich unter zwei Grad zu stoppen, zu verpassen. Wir müssen jetzt handeln! Und „Fridays for Future" macht mir hier wieder Hoffnung.

Es gibt im Klimasystem sogenannte Kipppunkte. Wenn eine kritische Schwelle überschritten wird, etwa beim Salzgehalt im Atlantik, dann kommt es zu abrupten Änderungen, in dem Fall im Golfstromsystem. Und solche Kipppunkte gibt es auch in der Gesellschaft. Denken Sie an den Fall der Berliner Mauer: Manchmal werden plötzlich Dinge möglich, die vorher unvorstellbar waren. Und ich habe die Hoffnung, dass jetzt ein solcher Punkt erreicht ist.

Ich glaube, ein wichtiges Hindernis war bisher, dass die Regierung Angst hatte, Klimaschutz könnte Interessengruppen gegen sie aufbringen und am Ende Wählerstimmen kosten. Ich hoffe aber, dass jetzt genügend Menschen verstehen, wie drängend das Problem ist und entschlossene Maßnahmen fordern, und dass die Regierenden am Ende feststellen: Sie verlieren keine Wählerstimmen, wenn sie Klimaschutz betreiben – sondern wenn sie ihn unterlassen.

Die Menschen sind im Klimaschutz schon lange weiter als die Politik. Seit Jahrzehnten ist eine Mehrheit in Umfragen für den Ausbau der erneuerbaren Energien. Dass die Bundesregierung diesen im Wesentlichen abgewürgt hat, erst bei der Photovoltaik und jetzt bei der Windenergie, entspricht nicht dem Willen dieser Mehrheit. Eine große Mehrheit ist vielmehr besorgt über den Klimawandel und erwartet von der Politik, dass sie etwas unternimmt und nicht nur Lippenbekenntnisse abgibt.

Der erste Schritt müsste nun sein, einen realistischen Preis
für Kohlendioxid zu finden. Es kann nicht sein, dass jeder
gratis Kohlendioxid in die Luft pusten darf. Hier muss das
Verursacherprinzip gelten, das anderswo längst üblich ist,
wir dürfen ja auch nicht einfach so unser Abwasser in die
Flüsse leiten. Selbstverständlich muss die Regierung hier auf
die soziale Gerechtigkeit achten, damit nicht am Ende die
Armen die Zeche bezahlen. Aber wenn jeder die Atmosphäre
gratis verschmutzen darf, profitieren davon die Besserver-
dienenden am meisten. Denn die fliegen häufiger und heizen
größere Häuser, die emittieren deutlich mehr Kohlendioxid
als diejenigen, die weniger haben.

Die Debatte um das Schulschwänzen, die anfangs geführt
worden ist, ist abwegig gewesen. Wer nur darüber debat-
tiert, ob ein Schüler streiken darf oder nicht, der erkennt
nicht, worum es wirklich geht, und dass der Klimaschutz
nicht nur ein Anliegen der Schüler ist, sondern eines aller
Menschen. Ich bin froh, dass wir jetzt weiter sind und nun
darüber diskutiert wird, was wir konkret gegen die weitere

globale Erwärmung unternehmen können. Denn das ist genau die Debatte, die wir dringend brauchen. Und auf die wir sehr lange warten mussten.

Der Klimaforscher Stefan Rahmstorf vom Potsdam-Institut für Klimafolgenforschung zählt zu den weltweit führenden Wissenschaftlern seines Fachgebiets. Seit vielen Jahren sucht er mit seiner Forschung bereits die Öffentlichkeit, um das Feld nicht den Klimaleugnern zu überlassen. Sein deutschsprachiger Blog „Klimalounge" ist unter https://scilogs.spektrum.de/klimalounge/ zu erreichen.

„POLITIK KÖNNTE HEUTE VIEL MUTIGER SEIN."

Gastbeitrag von Eckart von Hirschhausen

Ich glaube, dass jede Generation ihr Aha-Erlebnis hat, ein Ereignis, nach dem sie die Welt mit anderen Augen sieht. Für mich war das 1986 Tschernobyl. Da war ich gerade 18 Jahre alt und unterwegs nach München. Ich stand an der Autobahn und trampte und dachte, du weißt überhaupt nicht, wo du hinfahren sollst. Überall kann diese radioaktive Wolke hin.

Damals habe ich in Wackersdorf demonstriert.

Heute sind es manchmal fast 40 Grad in Berlin, und ich kann der Hitze nicht entkommen. Dieses Gefühl der Unausweichlichkeit finde ich körperlich und psychisch bedrohlich. Und ich wundere mich, wie meine Generation, die mit Anti-Atomkraft, Waldsterben und Friedensbewegung aufgewachsen ist, derartig dabei versagt hat, das Wissen um die Grenzen des Wachstums in Politik und in eigenes Handeln umzusetzen.

Die Wissenschaft ist einfach nicht durchgedrungen. Seit Jahrzehnten haben Stimmen auf die Grenzen des Wachstums hingewiesen und die globale Erwärmung vorhergesagt, aber sie wurden von der Politik und der Gesellschaft weitgehend ignoriert. Studien um Studien, Stellungnahmen und Handlungsempfehlungen sind folgenlos in Schubladen und auf Festplatten vergammelt. Eines meiner Lieblingsplakate von ‚Fridays for Future' lautet: „Why get an education when nobody listens to the educated?“ Was nutzt einem Bildung, wenn keiner auf die Gebildeten hört? Ich habe das Gefühl, das sich das jetzt gerade ändert.

Es muss sich auch ändern. Es sind die klügsten und engagiertesten Jugendlichen und Studierenden, die jetzt auf der Straße sind. Wenn die erleben, dass ein halbes Jahr massiver Proteste und Mobilisierung zu keinen politischen Entscheidungen führt, sind die fürs Leben frustriert, was demokratische Prozesse angeht. Das läuft auf einen neuen Generationenkonflikt hinaus.

Dabei hat zum Beispiel die Generation meiner Eltern schon nachhaltig gelebt, bevor es dieses Wort überhaupt gab. Auch, weil es weniger gab. Meine Eltern sind als Kinder beide als Flüchtlinge aus dem Baltikum in ein kleines Dorf in Baden-Württemberg gekommen. Sie hatten einfach gar nichts; deshalb haben sie versucht, alles wiederzuverwenden. Mein Vater lief barfuß zur Schule, um die Schuhe zu schonen. Das Essen wurde oft aus Resten gekocht, um nichts wegzuwerfen. Schulhefte wurden mit Bleistift beschrieben, damit man alles ausradieren und die Hefte wiederverwenden konnte. Als ich auf die Welt kam, hat ein Nachbar meine Mutter ins Krankenhaus gefahren. Meine Eltern hatten kein Auto. Das war kein Konsumverzicht, sondern sie konnten es sich einfach nicht leisten. Aber es ging auch so. Und sie haben nie das Gefühl gehabt, nicht auf den Malediven gewesen zu sein würde heißen, etwas verpasst zu haben.

Diese Erfahrung, dass alles Materielle plötzlich weg ist, dass man froh ist, das nackte Überleben gesichert zu haben, diese Geschichte hat auch meine Generation noch geprägt. Wir teilen auch unter den Geschwistern eine Skepsis gegenüber Statussymbolen. Das erste Auto in unserer Familie war ein gebrauchter, orangefarbener Passat, der hatte nicht mal ein Radio, was dazu führte, dass unser Entertainment aus der Mundorgel bestand. Deswegen kann ich bis heute viele Volkslieder auswendig.

Auf das Auto zu verzichten ist unter Großstädtern heute wieder angesagt. Aber es reicht nicht mehr, wenn jeder für sich seinen Lebensstil verändert. Es sind dringend politische Schritte notwendig. Es braucht dringend eine Abgabe auf Kohlendioxidemissionen. Es muss endlich einen Preis dafür geben, wenn man die Luft verdreckt. Und wir brauchen ein Tempolimit auf der Autobahn. Da gibt es als Arzt keine zweite Meinung. Mit einem Tempolimit hätten wir weniger Tote und Verletzte, weniger Abgase in den Lungen und weniger Stress. Unsere menschliche Gesundheit, die Gesundheit der Umwelt und des Planeten sind viel enger miteinander verknüpft, als wir uns das lange klargemacht haben.

Die Klimakrise ist die größte Bedrohung für die Gesundheit im 21. Jahrhundert. Das ist nicht meine private Meinung, sondern in der internationalen Fachwelt von der Initiative „Lancet Climate Countdown" über den Weltärztebund und die Europäischen Akademien der Wissenschaft Konsens. Aber es dringt nicht in die Mitte der Gesellschaft durch. Deshalb fokussiere ich meine Aktivitäten auf Multiplikatoren, die noch Gehör finden: Ärzte, Wissenschaftler und auch Engagierte in den Kirchen und Hilfsorganisationen, die eine hohe Glaubwürdigkeit, authentische Erfahrungen und ein Netzwerk in viele gesellschaftliche Gruppen und mehrere Generationen hinein haben.

Während der Zeithorizont von Politikern oft nicht ausreicht, um auf den ersten Blick unpopuläre Entscheidungen voran zu bringen, braucht es die Kirchen und ihr Denken mit langem Atem und einem Gefühl, über viele Hundert Jahre bereits bestanden zu haben und auch für die nächsten Hunderte von Jahren erträgliche Lebensbedingungen für die folgenden Generationen einzufordern. Vielleicht braucht es dafür auch eine neue Ethik, eine neue Aufklärung, eine neue Begrifflichkeit. In der Bibel geht es viel um eine Abkehr von materialistischen Werten hin zu innerem Wachstum, Verbundenheit und gemeinsamer Verantwortung. Wie Ernst Ulrich von Weizsäcker, Vizepräsident des Club of Rome, anmahnt, brauchen wir zum Überleben auf der Erde neue Maßstäbe für eine „volle Welt". Große Teile der Theologie entstanden in einer „leeren Welt". In Wüsten lässt sich sagen: „Seid fruchtbar und mehret euch. Macht euch die Erde untertan." Mit zehn Milliarden Menschen und einer Überhitzung, die zeitnah das Leben in weiten Teilen Afrikas für geschätzte 400 Millionen Menschen zur Fluchtursache werden lässt, müssen wir anders denken, handeln und mitfühlen. Wenn die Religionen besser als „der Markt" wissen, was wir „brauchen" – gelingt es uns dann nicht mit ihrer Hilfe, auch deutlich weniger zu „verbrauchen"? Für die Abkehr von einem materialistischen Weltbild braucht es eine positive Vision, die attraktiver ist, als das was wir schon kennen. Momentan führen Veränderungsprozesse psychologisch in die Sackgasse, weil Menschen zuallererst ihren Nachteil, ihren Verlust, ihren „Verzicht" im Fokus haben. Aus reinem „Gutmenschentum" werden die radikalen Umbauten in unserem Wirtschaften nicht gelingen.

Denn viele Menschen, ich fürchte die Mehrheit auch in Deutschland, haben die Dimension, in der unsere Existenz bedroht ist, noch nicht begriffen. Am stärksten sind ja auch erst einmal andere Länder betroffen. Laut der Internationalen Organisation für Migration mussten allein 2018 mehr als 17 Millionen Menschen aufgrund von Naturkatastrophen und extremer Naturereignisse ihre Heimat verlassen. Aber auch hier bei uns macht die Hitze den Menschen heute schon zu schaffen. Allergien nehmen zu. Infektionskrankheiten aus den Tropen können sich über Mücken in Europa verbreiten. Und, und, und.

Es gibt ein Foto, das zeige ich gerne auf Vorträgen. Da sieht man, wie in Kalifornien ein Wald brennt und davor spielen Menschen Golf. Das beschreibt unsere Idiotie ganz gut. Wir sind das einzige Wesen der Natur, das in die Zukunft gucken kann und ein Konzept von Endlichkeit hat – aber wir verhalten uns so dermaßen kurzsichtig.

Humor kann hier helfen. Mit Humor kann man Widersprüche reflektieren. Ein Beispiel aus meinem aktuellen Bühnenprogramm „Endlich": Stellen Sie sich vor, es gibt an der Supermarktkasse für jedes Kilo Fleisch, das Sie kaufen, ab sofort einen Eimer mit 20 Liter Gülle verpflichtend mit dazu. Den müssen Sie mit nach Hause nehmen. Und die Kassiererin sagt: „Das haben Sie mitverursacht. Ach, wussten Sie nicht. Jetzt wissen sie es. Wollen Sie einen Deckel, oder geht das so mit? Viel Spaß beim Grillen!"

Wenn ich das sage, lacht das Publikum und versteht: Ja, Fleisch zu essen hat einen enormen versteckten Preis, der uns am Kühlregal natürlich nicht gezeigt wird. Ich wäre sehr dafür, bei Lebensmitteln einen CO_2-Abdruck kenntlich zu machen, um auf diese Weise ein Bewusstsein dafür zu schaffen, dass eine Rindfleischsuppe zehnmal so viele Treibhausgase erzeugt wie eine Gemüsesuppe. Und dann denkt der Verbraucher nach: Schmeckt mir die Rindfleischsuppe denn wirklich zehnmal so gut? Nö.

Aber was geschieht stattdessen? Man ist gleich in einer Abwehrdiskussion gefangen, von wegen: Die Öko-Spinner wollen uns das Fleischessen, das Fliegen oder das Autofahren verbieten. Dabei geht es nicht ohne staatliche Vorgaben. Ein Einzelner kann ja nicht dafür sorgen, dass Fliegen teurer wird als Bahnfahren. Es ist auch keine „Diktatur", sondern ein Ehrlichmachen von Preisen.

Politik könnte heute viel mutiger sein. Es gibt so viele Beispiele dafür, dass gute Gesetze große Wirkung zeigen. Als das Rauchen in Kneipen verboten wurde, gab es einen enormen Aufschrei. Doch heute sind alle froh darüber, sogar die Raucher. Und Herzinfarkte, Schlaganfälle und Asthma gingen spürbar zurück. Viele Länder haben Tempolimits eingeführt, und ihre Ökonomien sind nicht daran kaputtgegangen. Das Verbot von FCKW hat das Ozonloch schrumpfen lassen, durch die Entschwefelung von Benzin und Industrieabgasen ist das Waldsterben ausgeblieben.

Das Klimaabkommen von Paris ist zumindest ein Anfang. Welche Erfolgsgeschichten erzählen wir weiter? Einer meiner liebsten TED-Vorträge ist von dem Psychologen und Ökonomen Per Espen Stoknes, der wunderbar die kommunikativen Hürden aufzeigt, und wie man sie überwindet: „How to transform apocalypse-fatigue into action on global warming". Sehr sehenswert. Seitdem rede ich auch nicht mehr von „Umwelt" sondern von Mit-Welt. Ich habe ja zu Hause auch keine Um-Bewohner. Es geht auch nicht darum, das „Klima zu retten" – sondern uns!

Wie kommen wir vom Wissen zum Tun, von der lähmenden Hoffnungslosigkeit in strategisches Handeln? Jeder von uns, der in Deutschland lebt, hat einen ökologischen Fußabdruck, der weit über dem globalen Durchschnitt liegt. Aber was ist mit unserem ökologischen Handabdruck? Was können wir selber ändern, wo können wir politisch und gesellschaftlich aktiver werden? Worauf haben wir Einfluss, wer kennt wen, der jemand kennt, der was ändern kann? Wir sind eins der reichsten Länder der Welt, wir sind eins der kreativsten, wir sind eine offene demokratische Gesellschaft, haben freie Meinungsäußerung, Presse- und Versammlungsfreiheit. Deshalb haben wir auch eine hohe Verantwortung, nicht nur, weil wir historisch schon jede Menge Treibhausgase freigesetzt haben, sondern auch, weil sich viele Länder fragen: Wie machen es denn die Deutschen? Und gute Ideen sich schneller verbreiten lassen als je zuvor.

Ein Anfang ist es zu sprechen, in der Familie, am Arbeitsplatz, in der Öffentlichkeit. Und dann etwas zu tun. Es gab neulich eine spannende Studie darüber, wie man mit Wiederaufforstung Kohlendioxid binden kann. Seitdem unterstütze ich bei meinen Auftritten „Plant for the planet" und pflanze zusammen mit den Zuschauern Bäume. Allein beim Deutschen Evangelischen Kirchentag, wo ich zusammen mit Luisa Neubauer und Felix Finkbeiner viele Menschen erreichen konnte, sind über 50 000 Bäume gespendet worden. Das ist nicht von heute auf morgen wirksam. Aber es keimt etwas! Und heute Abend geht die Welt auch nicht mehr unter – es ist schon morgen in Australien.

DIE MEDIZINER

„Sie finden uns ganz hinten, wir sind der Weiße Block", sagt Martin Herrmann am Telefon. Und tatsächlich: Während an diesem Freitag im Mai 2019 vorne vor der Bühne auf der Münchner Theresienwiese viele Minderjährige ihre Plakate entrollen, versammeln sich weiter hinten, hinter einem Transparent mit der Aufschrift „Klimawandel ist tödlich", knapp 50 Medizinstudenten, Ärzte und Pflegekräfte in weißen Kitteln. „Health for Future" nennen sie ihre Initiative; dahinter steht die „Deutsche Allianz Klimawandel und Gesundheit", abgekürzt „KLUG", ein bundesweites Netzwerk von etwa 150 Aktiven aus den Gesundheitsberufen. Herrmann, selber Arzt, ist ihr Sprecher. Die Allianz gebe es bereits seit 2017, sagt er. „Fridays for Future" habe ihre Themen aber nun mit Fulminanz in die Öffentlichkeit getragen. Die Kundgebungen seien eine Chance, auch der Stimme der Medizin mehr Gehör zu verschaffen. Deswegen seien sie jetzt hier.

Und auch Herrmanns Allianz ist nicht alleine. In den vergangenen Jahren warnen Mediziner weltweit zunehmend vor den Gesundheitsrisiken des Klimawandels. Die Weltgesundheitsorganisation WHO etwa erklärte den Klimawandel und die Luftverschmutzung zuletzt zu einer der weltweit größten Gesundheitsbedrohungen im Jahr 2019. Der Weltärztebund ruft in einer 2009 verabschiedeten und 2017 ergänzten Deklaration Ärzte dazu auf, Politiker zu mehr Klimaschutz zu drängen, Menschen zu einem nachhaltigen Lebensstil zu ermutigen – und sich zugleich für die Zukunft auf medizinische Krisen wegen des Klimawandels vorzubereiten.

Die Bundesvertretung der Medizinstudierenden in Deutschland verabschiedete im November 2018 ein Positionspapier mit dem Titel „Klimawandel und Gesundheit", in dem es heißt, der Klimawandel sei eine „zunehmende Bedrohung für die Gesundheit", die vielen in Politik und Gesellschaft nicht bewusst sei. Ein ähnliches Papier hatte der Verband bereits 2011 vorgelegt, das neue aber geht über das ältere hinaus. Dass die Erderwärmung auf maximal 1,5 Grad über dem vorindustriellen Niveau begrenzt werde, sei „essentiell für den Erhalt der globalen Gesundheit"; und dass die Ziele des Pariser Abkommens umgesetzt würden, sei unabdingbar „für ein lebenswertes und gerechtes Leben für alle Menschen weltweit", heißt es darin. Die Erderwärmung dagegen erhöhe das Risiko verheerender Unwetter, von Hunger und politischen Krisen. Zudem breiteten sich tropische Krankheiten immer weiter aus. Die Medizinstudenten verlangen in diesem Papier deshalb unter anderem die Förderung erneuerbarer Energien und einen Kohleausstieg bis 2030. Dasselbe fordert auch die Arbeitsgruppe „Klimawandel und Gesundheit" des Netzwerks „Kritische Mediziner*innen Deutschland" in einem Positionspapier namens „Gesundheit braucht Klimaschutz".

Zuletzt traten unabhängig davon Psychologen und Psychotherapeuten als „Psychologists for Future" und als „Psychotherapists for Future" mit einer Stellungnahme an die Öffentlichkeit. Den Klimawandel interpretieren sie darin als psychologische Krise und sprechen von kollektiver Verleugnung. Die Gefahren würden intuitiv unterschätzt, das Problem werde verdrängt, das Ausmaß der Bedrohung verkannt. „Die Gegenwehr auf die Proteste ist psychologisch gut zu verstehen." Psychologen und Psychotherapeuten müssten den Menschen helfen, damit sie sich weniger hilflos fühlen. Und sie müssten sich darauf vorbereiten, dass sie künftig häufiger gebraucht werden könnten. Nämlich dann, wenn den Menschen die Brisanz der Klimakrise stärker bewusstgeworden ist. Unterzeichnet haben diese Stellungnahme mehr als 1800 Psychologen und Psychotherapeuten.

Ende Mai 2019 hat schließlich der Deutsche Ärztetag in Münster beschlossen, den Klimawandel zum Schwerpunkt seines nächsten Zusammentreffens 2020 in Mainz zu machen. Mehrere Mediziner aus dem Kreis der „Deutschen Allianz Klimawandel und Gesundheit", darunter Katharina Thiede, Robin Maitra und der Arzt und Medizinjournalist Eckart von Hirschhausen, hatten die Kongressteilnehmer zuvor mit einem Banner mit der Aufschrift „Doctors for Future" dazu aufgerufen, sich verstärkt für den Klimaschutz zu engagieren.

Für einen Mediziner sei genau das auch nur konsequent, findet Martin Herrmann von der „Deutschen Allianz Klimawandel und Gesundheit". Denn der Zusammenhang zwischen Klima und Gesundheit sei eng. Zum einen sei es offensichtlich ungesund, den eigenen Planeten zu zerstören. Zum anderen mache derselbe Lebensstil, der für den Klimawandel verantwortlich sei, auch die Menschen krank: das viele Autofahren, die Luftverschmutzung, die fleischlastige Ernährung, der Stress. Gegen die Erderwärmung anzukämpfen, bedeute insofern nicht nur erhebliche Anstrengungen, sondern biete auch eine Chance: „Wenn wir umsetzen, was für den Klimaschutz notwendig ist, tun wir zugleich das Beste für die Gesundheit."

Was das bedeutet, erklärt Claudia Schnupp. Die 28-Jährige studiert Medizin an der Technischen Universität München und gehört zu den Organisatoren von „Health for Future". Maßnahmen gegen den Klimawandel hätten oft zusätzliche positive Effekte und würden sich daher doppelt lohnen, Schnupp spricht von „Co-Benefits". „Wenn alle mehr Wege mit dem Rad fahren oder zu Fuß gehen, dann wird nicht nur die Umwelt geschont, sondern gleichzeitig gehen auch die Herz-Kreislauf-Krankheiten, Diabetes und Übergewicht zurück", sagt sie. „Und wenn wir weniger Kohle verfeuern, dann gibt es auch weniger Feinstaub und weniger Lungenkranke." Der kohlendioxidintensive Lebensstil sei ein Gesundheitsrisiko. „Für mich fühlt es sich sinnlos an, den Leuten einzuschärfen, sie sollten mit dem Rauchen aufhören – aber das lassen wir zu."

Im April 2019 haben drei Aktive von „Health for Future Munich" ein Zelt auf dem Münchner Goetheplatz aufgestellt. Im Inneren stand ein Bett, darin lag eine kleine Weltkugel, an der Wand hing eine Fieberkurve. Die Aktivisten hängten Infusionen an und versorgten den kranken Planeten im Schichtdienst, 36 Stunden lang. „Wenn ein Mensch akut und schwer erkrankt in die Notaufnahme eingeliefert wird, ist auch sofort klar, was zu tun ist. Warum sollten wir die Erde abweisen?", fragte Linda Avena, eine der betreuenden Ärztinnen. Die Organisatorinnen solidarisierten sich ausdrücklich mit „Fridays for Future".

Eine ähnliche Mahnwache hatte es bereits Ende 2018 vor der Charité in Berlin gegeben.

Auf eine Demonstration der Schülerinnen und Schüler sei sie zum ersten Mal im Januar oder Februar 2019 gegangen, erzählt Claudia Schnupp. Jeden Freitag sei „Health for Future" dort aber nicht präsent. An ihrer Universität gebe es freitags zwar häufig keine Lehrveranstaltungen, doch im Beruf könne man sich als Ärztin oder Pflegerin eben nicht einfach so freinehmen, sagt sie. „Heute Morgen habe ich mit einem Freund gesprochen, der wollte auch zur Demonstration kommen. Aber er war 24 Stunden im Dienst gewesen und jetzt zu müde."

Die Stimme der Gesundheitsprofis sei wichtig, sagt Martin Herrmann. Ärzte genössen eine hohe Glaubwürdigkeit, das zeige sich immer wieder in Umfragen, und das müsse man für den Klimaschutz nutzen. Ärzte seien außerdem dafür ausgebildet, mit schweren Krisen umzugehen, und sie hätten Erfahrung damit, schlechte Nachrichten zu überbringen. „Wenn die Diagnose schwer ist, dann ist nichts mehr wie vorher", sagt Herrmann. Das gelte auch für die Klimakrise. Man müsse nun handeln, statt stets die angeblichen Interessen der Wirtschaft vorzuschieben. Ein Patient käme ja auch nicht auf die Idee, eine lebensnotwendige Operation immer und immer wieder aufzuschieben, weil er lieber arbeiten wolle.

Dabei müssen Klimaschutz und Wirtschaft kein Widerspruch sein. Das beteuern zumindest Laurin Hahn und Jona Christians. Die beiden haben gemeinsam mit ihrer Freundin Navina Pernsteiner Sono Motors gegründet, eine junge Münchner Firma, die den „Sion" entwickelt hat, ein Elektroauto mit integrierten Solarzellen, „das Auto, das sich selbst lädt", so bewerben sie es. Im Firmensitz in München-Feldmoching kann man in einem Prototypen probesitzen. Im Herbst 2020 sollen die ersten Serienautos vom Band laufen, insgesamt 257 000 Fahrzeuge sollen produziert werden, etwa 43 000 im Jahr. Das Unternehmen ist klein, aber es will seinen Beitrag leisten zur Verkehrswende, zum Umstieg von Autos mit Verbrennungsmotoren auf Elektrofahrzeuge, und auch zu einer neuen Kultur, in der große Autos kein Statussymbol mehr sind, in der nicht mehr jeder ein eigenes Auto fährt, sondern in der sich die Menschen ihre Fahrzeuge teilen.

Die Gründer leben diese Idee bereits. Es ist gut möglich, dass sie die einzigen Autobauer sind, die selber kein eigenes Auto haben. Er habe gar kein Bedürfnis nach einem eigenen Wagen, sagt Laurin Hahn, dasselbe gelte für viele seiner Mitarbeiter. Womöglich ist es eine Frage der Generation: Hahn ist 25, Christians 26. „Mit einem Auto habe ich erst einmal mit der Versicherung zu tun, und dann geht es kaputt, dann muss ich in die Werkstatt", sagt Hahn. Carsharing sei viel angenehmer und bequemer. „Wir glauben an eine Zukunft, in der jedes Auto elektrisch ist und außerdem geteilt wird." In dieser Zukunft sollen weniger Fahrzeuge als bisher ungenutzt am Straßenrand herumstehen. Sono Motors wolle deshalb nicht nur Autos verkaufen, sondern auch eine

Carsharing-Flotte aufbauen. Und zu den Autos wird es eine App geben, mit der man das Auto verleihen kann, mit der man Mitfahrer finden und sogar überschüssigen Solarstrom an andere verkaufen kann.

Bis es soweit ist, wehren sich Hahn und Christians dagegen, dass die Wirtschaft, dass Arbeitsplätze gegen den Klimaschutz ausgespielt werden. Sie selber haben noch kein einziges Auto in Serie produziert, beschäftigen mit ihrer Idee aber dennoch schon 100 Mitarbeiter. Zählt man Zuliefererbetriebe dazu, hängen bereits 300 Arbeitsplätze an den „Sions". Wenn die Produktion 2020 begonnen hat, sollen es 800 sein. Hahn und Christians gehen nun zwar nicht jeden Freitag auf die Straße, sie müssen arbeiten. Aber sie wollen ein Zeichen setzen.

Sono Motors ist eine von derzeit mehr als 2200 Firmen aus Deutschland und mehreren Nachbarländern, die sich den „Entrepreneurs for Future" angeschlossen haben, einer Initiative, die nicht nur den Klimaschutz vorantreiben will, sondern auch den Jugendlichen von „Fridays for Future" den Rücken stärkt. Die Schulstreikbewegung sei ein „dringender Weckruf", erklären die Unternehmer. Wie die Schülerinnen und Schüler pochen sie auf das Pariser Klimaschutzabkommen. Viele von ihnen wirken auf dem Feld erneuerbarer Energien, würden also einerseits direkt von mehr Klimaschutz profitieren, haben aber andererseits auch Ahnung davon, wie die Energiewende tatsächlich gelingen kann. Und sie rufen zwar nicht zum Streik auf, doch sie haben einen umfangreichen Forderungskatalog vorgelegt. Sie verlangen unter anderem ein Ende klimaschädlicher Subventionen, eine Förderung ökologischer und klimaschonender Landwirtschaft, eine Steuer auf Kerosin, mehr Recycling, einen Klimainnovationsfonds für alle Firmen und eine wirksame Steuer auf Kohlendioxidemissionen.

Koordiniert wird „Entrepreneurs for Future" von Katharina Reuter in Berlin. Sie ist Geschäftsführerin des gemeinnützigen Vereins „Unternehmensgrün", des „Bundesverbands der grünen Wirtschaft", der mehr als 300 Firmen und Unternehmer verschiedenster Branchen vertritt. Die Initiative sei aber nicht von ihrem Verband ausgegangen, vielmehr hätten sie Firmen von sich aus angesprochen und angeregt, die Schülerinnen und Schüler zu unterstützen, sagt Reuter. Ähnliche Initiativen wie „Business for Future" oder „Companies for Future" seien mittlerweile unter dem Dach der „Entrepreneurs for Future" vereint.

Beteiligt sind an dieser Initiative vor allem kleine und mittelständische Unternehmen. Unter den Unterzeichnern finden sich auch bekannte Namen wie der Babynahrungshersteller Hipp, das Chemie-Unternehmen Werner & Mertz (Frosch, Erdal) oder auch die Recyclingfirma Remondis. Großunternehmen sind jedoch die Ausnahme. Stand Ende Juli repräsentierten die „Entrepreneurs for Future" 170 000 Arbeitsplätze und erzielten gemeinsam einen Umsatz in Höhe von 25 Milliarden Euro; das ist überschaubar. Die Summe entspricht etwa 0,7 Prozent des deutschen Bruttoinlandsprodukts.

Und all die anderen? Das Gros der Wirtschaft lehnt Klimaschutz nicht unbedingt ab, zumindest nicht ausdrücklich. Klimaschutz ist gut fürs Image. Der Londoner Non-Profit-Organisation „Carbon Disclosure Project" zufolge haben sich mittlerweile vier von fünf aller europäischen Unternehmen Klimaschutzziele gesteckt. In den vergangenen Jahren und Monaten sind außerdem einige Initiativen entstanden, die den Klimaschutz im Namen tragen. Seit 2017 versammeln sich zum Beispiel internationale Investoren unter dem Motto „Climate Action 100+"; sie wollen Druck auf Konzerne ausüben, damit diese unter anderem weniger Treibhausgase erzeugen. Und das Bundesentwicklungsministerium hob im November 2018 eine „Allianz für Klima und Entwicklung" aus der Taufe, der sich bereits mehrere Hundert Firmen und Verbände angeschlossen haben, die sich dort allerdings hauptsächlich vernetzen. Die Allianz stellt weder konkrete politische Forderungen noch verlangt sie ihren Mitgliedern greifbare Zusagen ab, lediglich das Versprechen, „perspektivisch" Klimaneutralität „oder gar Klimapositivität" anzustreben. Zu den Mitgliedern gehören unter anderem die Deutsche Bank, die Commerzbank, Bosch, SAP und die Münchner Rück, aber auch zum Beispiel der Verband Avia. In diesem haben sich Mineralölimporteure zusammengeschlossen, sein gesamtes Dasein fußt also auf dem Verbrennen oder Verheizen fossiler Rohstoffe. Avia wirbt damit, die Unternehmen würden den unvermeidlichen Ausstoß von Kohlendioxid mit Klimaschutzprojekten kompensieren. Solche Kompensationszahlungen aber gelten als Notlösung. „Erst wenn sich Treibhausgase nicht mehr vermeiden und reduzieren lassen, kommt deren Ausgleich in Betracht", heißt es etwa in einem Ratgeber des Umweltbundesamtes. Besser wäre, erst gar nicht fossil zu heizen.

Zuletzt sind einige Konzerne mit Klimaschutzversprechen an die Öffentlichkeit getreten. Der Versicherungskonzern Allianz etwa kündigte an, sein Vermögen zunehmend klimafreundlich anzulegen. Thyssen-Krupp erklärte, seine Hochöfen bis 2050 kohlendioxidneutral betreiben zu wollen. Und der Bosch-Konzern, der zuletzt alleine 78,5 Milliarden Euro Umsatz erzielte, also mehr als drei Mal so viel wie alle „Entrepreneurs for Future" zusammen, kündigte im Mai 2019 an, schon ab 2020 sollten alle seine 400 Standorte kohlendioxidneutral wirtschaften. Der Konzern wolle seine Emissionen zunächst mit Ausgleichszahlungen kompensieren und dann zunehmend seine Energieeffizienz verbessern sowie auf erneuerbare Energien umsteigen. Dieses Versprechen umfasst allerdings nur Emissionen, die bei Bosch selbst entstehen, nicht die Kohlendioxidbilanz der Produktpalette. Bosch ist einer der weltweit größten Automobilzulieferer.

In den Reihen der „Entrepreneurs for Future" finden sich keine großen Konzerne. Sie erwarte auch nicht, dass sich das ändert, sagt Katharina Reuter. „Denn unsere Stellungnahme hat es in sich." Einmal sei sie zum Beispiel im Gespräch mit einem Süßwarenhersteller gewesen, der den „Entrepreneurs for Future" beitreten wollte. Doch weil die Initiative unter anderem eine Agrar- und Ernährungswende fordert sowie mehr ökologische und klimaschonende Landwirtschaft, verzichtete das Unternehmen. „Es hieß: Da könnten die Konsumenten ja auf die Idee kommen zu fragen, warum wir keine Bio-Rohstoffe einsetzen", sagt Reuter. Und darüber könne man ja in der Tat nachdenken. „Die Stellungnahme schützt uns vor Greenwashing", sagt Reuter. Mit diesem Begriff werden Versuche bezeichnet, ein Unternehmen als umweltfreundlich darzustellen, obwohl es gar nicht umweltfreundlich ist. Wer die Forderungen der „Entrepreneurs for Future" unterschreibe, sagt Reuter, der meine es wirklich ernst und wolle nicht nur PR.

Und Sono Motors? Für einen Hersteller von Elektroautos ist vor allem Kohlendioxid ein heikles Thema, denn beim Fahren eines Elektrofahrzeugs wird zwar vor Ort kein Treibhausgas ausgestoßen, in der Produktion aber wird dafür mehr Kohlendioxid freigesetzt als bei der Fertigung eines Benziners oder Diesels. Besonders bei der Herstellung der Batterie entweichen viele Treibhausgase. Daher sind Elektrofahrzeuge nur dann deutlich klimafreundlicher als konventionell motorisierte Autos, wenn sie häufig bewegt werden und der genutzte Strom aus erneuerbaren Energien stammt.

Über die Klimabilanz von Elektrofahrzeugen tobt ein Glaubenskrieg, der auch dadurch befeuert wird, dass problematische Studien kursieren, die sich meist für den Diesel aussprechen. Immer wieder werden solche Arbeiten zwar von Fachleuten oder auch vom Umweltbundesamt verrissen, weil sie etwa mit zweierlei Maß messen oder mit veralteten Zahlen arbeiten, weil sie ignorieren, dass der Strom-Mix mit der Zeit immer klimafreundlicher wird, oder weil sie außer Acht lassen, dass die Batterie eines Elektroautos nicht nur erheblich länger hält als ein Benzin- oder Dieselmotor, sondern auch später mit verminderter Leistung für andere Zwecke zweitverwendet werden kann. Die Studien aber sind dennoch in der Welt. Dabei besteht aus wissenschaftlicher Sicht kaum Zweifel daran, welcher Antrieb der klimafreundlichere ist. Forscher des Fraunhofer-Instituts für System- und Innovationsforschung in Karlsruhe kamen im März 2019 zu dem Schluss: „Elektroautos, die heute gekauft und in Deutschland genutzt werden, haben eine deutlich bessere Klimabilanz als Diesel und Benziner". Wer jetzt ein Elektrofahrzeug kaufe, verursache damit in den folgenden 13 Jahren zwischen 28 und 42 Prozent weniger Kohlendioxidemissionen als der Käufer eines Benzin- oder Dieselautos.

Der „Sion" wiederum habe eine bessere Bilanz als vergleichbare Elektrofahrzeuge, sagt Jona Christians. Er werde aber auch frühestens nach 39 000 gefahrenen Kilometern wirklich klimafreundlicher sein als ein durchschnittliches, fossil betriebenes Auto. Und das, obwohl in der Produktion ausschließlich Öko-Strom verwendet werde. Doch das Kohlendioxid, das man bei der Produktion nicht vermeiden könne, werde eben kompensiert, es gehe nicht anders, sagt Hahn. „Jedes unserer Fahrzeuge kommt mit einem CO_2-Rucksack von null auf die Straße."

Eine Steuer auf Kohlendioxidemissionen, wie sie die „Entrepreneurs for Future" fordern, würde Benzin verteuern und Elektrofahrzeuge günstiger und damit attraktiver machen, auch den „Sion". Eine solche Steuer fordere er aber nicht aus Eigennutz, es sei schlicht eine Frage der Gerechtigkeit, sagt Laurin Hahn. „Heute ist es so, dass die Kosten für die Umweltschäden von den Bürgern, den Steuerzahlern getragen werden, während die Gewinne an die Konzerne gehen. Das muss einfach fair besteuert werden."

Christine Miedls Firma ist ebenfalls den „Entrepreneurs for Future" beigetreten, sie tritt ebenfalls für eine Steuer auf Kohlendioxidemissionen ein – doch sie baut keine Elektroautos, und sie fertigt auch keine Solaranlagen. Miedl ist Direktorin unter anderem für Nachhaltigkeitsmanagement bei der Münchner Sparda-Bank. Das Geldinstitut mit 45 Filialen in Oberbayern, rund 750 Mitarbeitern und einer Bilanzsumme von 8,2 Milliarden Euro im Jahr 2018 ist eine der größten Genossenschaftsbanken in Deutschland – und eine von einem halben Dutzend Banken, die sich mit „Fridays for Future" solidarisieren.

Was eine Bank mit dem Klimaschutz zu tun hat? „Jeder kann handeln, es fängt immer mit dem ersten Schritt an", sagt

Miedl und zählt auf. Die Sparda-Bank beziehe ausschließlich Ökostrom und bezuschusse die Tickets ihrer Mitarbeiter für den öffentlichen Nahverkehr. Wer mit einem Elektrofahrzeug in die Arbeit komme, könne es kostenlos aufladen, und für Kurierfahrten gebe es ein eigenes Elektroauto. Die Bank lege außerdem alles Geld nachhaltig an, das werde den Kunden auch immer wichtiger, sagt Miedl. Kunden erhalten von der Bank günstige Kredite, wenn sie sich ein Elektroauto kaufen wollen, da sei die Nachfrage noch verhalten, entwickle sich aber. Kunden könnten außerdem vergünstigt Ökostrom von der Münchner Firma „Polarstern Energie" beziehen, die sich ebenfalls bei den „Entrepreneurs for Future" engagiert. Und schließlich pflanzt die Sparda-Bank schon seit 2015 für jedes neue Mitglied einen Baum in Oberbayern, eine Eiche, eine Buche oder auch eine Fichte. Bäume binden Kohlendioxid aus der Atmosphäre und tragen so zum Klimaschutz bei, jeder Baum ein kleines bisschen. Alleine 2018 verzeichnete die Sparda-Bank 14 459 neue Mitglieder. Bisher habe die Bank unter anderem im Ebersberger Forst Bäume gepflanzt, bei Berchtesgaden oder auch bei Bad Tölz, sagt Miedl. Im Herbst 2019 pflanze man im Raum Oberschleißheim.

Die Sparda-Bank sei darüber hinaus die bislang einzige deutsche Bank, die eine Gemeinwohlbilanz erstellt hat, sagt Miedl. Eine solche Bilanz ist Teil der Initiative „Gemeinwohl-Ökonomie", die für eine sozialere und ökologischere Marktwirtschaft wirbt. Für eine solche Bilanz brauche es Mut, denn ein Unternehmen werde dabei sehr transparent, sagt Miedl. Man bilanziere nicht nur intern, sondern werde auch von außen überprüft. Doch gerade für eine Bank wie die Sparda-Bank biete sich eine solche Bilanz geradezu an. Man sei ja keine auf Rendite fixierte Aktiengesellschaft. „Die Idee einer Genossenschaftsbank ist, solidarisch zu sein, sowohl mit den Menschen als auch mit der Natur. Gewinnmaximierung steht hier traditionell nicht im Vordergrund."

Auf die Gemeinwohlbilanz setzt auch Carola von Peinen Hoffnung. Die Bilanz müsse aber bekannter werden, sagt sie an einem Freitagvormittag in einem Café am Münchner Gärtnerplatz. „Die Leute müssen wissen: Das ist eine Allianz der Anständigen." Dann könnten mehr Menschen Siegel wie dieses auch bei ihren Kaufentscheidungen berücksichtigen.

Von Peinen ist Mitgründerin und Geschäftsführerin der Münchner und Berliner Personalvermittlung „Talents 4 good", die sich darauf spezialisiert hat, Arbeitssuchende an soziale und ökologische Firmen zu vermitteln. Die Agentur ist ebenfalls bei den „Entrepreneurs for Future" aktiv, und sie ist klein, sie hat derzeit sieben Angestellte, im Jahr vermittle sie 50 bis 60 Menschen, sagt von Peinen. Und die Geschäftsführerin wird grundsätzlich. Das Problem sei, dass es im Kapitalismus immer um Profitmaximierung gehe. „Profite machen ist kein Problem. Aber der Versuch, sie zu maximieren, bringt die Wirtschaft in Schieflage." Anderes bleibe auf der Strecke, allen voran die Mitarbeiter, die nur als Ressourcen gesehen werden, nicht mehr als Menschen, und die Umwelt.

Die derzeitigen wirtschaftlichen Rahmenbedingungen begünstigten die Profitmaximierer, sagt von Peinen. Sozial und ökologisch sensible Unternehmen seien demgegenüber im Nachteil. Sie hätten höhere Kosten, „weil sie Dinge eben richtig machen wollen", und noch dazu keine starke Lobby. Die meisten Firmen seien klein und mittelständisch; es fehle eine gemeinsame Stimme. Deshalb werde die Bedeutung dieser Unternehmen unterschätzt. Auch der Arbeitsmarkt sei größer als viele denken, und er wachse, sagt von Peinen. Immer mehr Menschen hätten das Bedürfnis danach, eine sinnvolle Arbeit in einem sozial und ökologisch denkenden Unternehmen zu machen. Auch wenn sie dafür deutliche Gehaltseinbußen in Kauf nehmen müssen.

Sie wolle sich bei den Schülerinnen und Schülern bedanken, die freitags auf die Straße gehen, sagt von Peinen zum Abschied. „Viele Erwachsene, die ich gefragt habe, ob sie sich anschließen wollen, sagten: Ich kann nicht, ich muss arbeiten. Wir sind alle viel zu beschäftigt, um die Welt zu retten. Aber die Schüler erinnern uns daran, dass das Problem trotzdem weiter besteht." Die Jugendlichen hätten erreicht, dass nun ständig über den Klimaschutz gesprochen werde.

Einen unmittelbaren Effekt von „Fridays for Future" auf ihre Arbeit merke sie aber nicht, zumindest noch nicht, sagt von Peinen. „Es ist nicht so, dass jetzt die Telefone nicht mehr still ständen, und alle wollten einen Job for Future."

Die passende Internetadresse dazu habe sie sich aber schon einmal gesichert.

Doch gefährdet das alles nicht Arbeitsplätze? Es gelte, „Arbeitsplätze und Wirtschaftskraft auf der einen Seite mit den Zielen des Klimaschutzes zu versöhnen", hat Bundeskanzlerin Angela Merkel in jener Videobotschaft im März 2019 gesagt, ganz so, als gebe es zwischen den beiden Seiten Streit. Auch Bundeswirtschaftsminister Peter Altmaier (CDU) wird nicht müde zu betonen, Klimapolitik dürfe keine Arbeitsplätze gefährden und auch die Menschen in ländlichen Regionen nicht benachteiligen, und unabhängig davon, ob er Recht hat oder nicht, allein durch die Wiederholung entsteht ein klares Bild: Der Klimaschutz ist zuallererst eine Bedrohung. Aber stimmt das wirklich?

Wissenschaftliche Analysen, die Altmaiers Ministerium in Auftrag gegeben hat, zeichnen ein anderes Bild. 2018 etwa erschien eine Studie mit dem Titel „Gesamtwirtschaftliche Effekte der Energiewende", federführend erarbeitet hat sie die Gesellschaft für wirtschaftliche Strukturforschung. Die Studie vergleicht das real existierende Deutschland, das sich fortan anstrengen und die Ziele der Energiewende tatsächlich erreichen wird, mit einer fiktiven Bundesrepublik, die schon seit dem Jahr 2000 ausschließlich den Kräften des Marktes vertraut, die keine erneuerbaren Energien gefördert hat und fördern wird. Das Ergebnis ist: Der Klimaschutz ist keine Bedrohung, sondern im Gegenteil ein Konjunkturprogramm. Mit der Energiewende sei die Wirtschaftsleistung höher, wobei sich dieser Effekt mit den Jahren noch verstärken werde. Im Jahr 2050 würde das Bruttoinlandsprodukt knapp vier Prozent höher sein als in einem Land ohne Energiewende, prognostizieren die Wissenschaftler. Die Zahl der Erwerbstätigen werde um 377000 Menschen höher liegen, die Arbeitslosigkeit werde niedriger sein und die Löhne höher.

Andere Studien kommen zu ähnlichen Ergebnissen. „Im Ergebnis stellen alle Vorhaben übereinstimmend fest, dass mit der Energiewende positive Beschäftigungswirkungen verbunden sind", fasst das Wirtschaftsministerium etwas hölzern zusammen. Und für das Bundesumweltministerium ist die Lage ohnehin klar: „Klimaschutz ist schon heute ein wichtiger Jobmotor", heißt es in seiner Broschüre „Klimaschutz in Zahlen" aus dem Jahr 2019. Im Jahr 2017 seien etwa 316700 Menschen im Bereich erneuerbarer Energien beschäftigt; in der Querschnittsbranche Umwelttechnik und

Ressourceneffizienz gebe es gar rund eineinhalb Millionen Arbeitsplätze. Bis 2030 würden durch Klimaschutzmaßnahmen zusätzliche 307 000 bis 427 000 Arbeitsplätze entstehen, vor allem im Handel und im Baugewerbe.

Im Gegenzug würden auch Arbeitsplätze wegfallen, das verschweigt das Ministerium nicht. Der Klimaschutz verlange einen Umbau der Wirtschaft: Abwärts gehe es zum Beispiel mit der Braunkohleindustrie, und in der Automobilindustrie sei mit „deutlichen Verschiebungen" hin zum Bau von Elektrofahrzeugen zu rechnen.

Negativ betroffen wären also allen voran große Energie- und Automobilkonzerne, die viel zu lange an überkommenen Technologien festgehalten haben, mit ihren Zulieferern – und mit ihren mächtigen Lobbystrukturen.

Der Weltklimarat warnte in seinem 2014 veröffentlichten fünften Sachstandsbericht ebenfalls vor wirtschaftlichen Risiken. Der Klimaschutz könne durchaus Existenzen gefährden, heißt es in dem Papier. Allerdings gehe die größere Gefahr nicht vom Klimaschutz aus – sondern vom Klimawandel. Ernteausfälle wegen Wassermangels oder gar Dürren würden nicht nur der Landwirtschaft und den Menschen in den Dörfern schaden, denn wenn die Lebensmittelversorgung der Städte nicht mehr reibungslos funktioniere, dann könne das soziale Unruhen in den Städten schüren. Der Klimawandel werde bestehende Probleme vervielfachen.

Das Weltwirtschaftsforum befragt regelmäßig Wirtschaftsführer, Politiker und Intellektuelle danach, welche ihrer Ansicht nach die größten Risiken seien, denen die Weltgemeinschaft gerade ausgesetzt ist. Das Ergebnis sortiert sie in Ranglisten, und bereits seit mehreren Jahren dominiert diese Listen die Furcht vor den Folgen des Klimawandels. Als die sechs verheerendsten Gefahren galten Anfang 2019 ein Kollaps der Ökosysteme, Naturkatastrophen, Wassermangel, extreme Wetterereignisse, dass die Menschen sich nicht an die Erderwärmung anpassen können – und Massenvernichtungswaffen.

5

UND JETZT?

Am 8. April 2019 sitzen vier Aktivisten von „Fridays for Future" im Sauriersaal des Berliner Naturkundemuseums. Sie haben eine Pressekonferenz einberufen, und viele Dutzend Journalisten sind gekommen. Die Jugendlichen wollen nicht länger über die Schulpflicht diskutieren, sondern über den Klimaschutz, deshalb stellen sie nun im Namen aller deutschen Ortsgruppen konkrete Forderungen. Die Bundesrepublik müsse bis spätestens 2030 aus der Kohlekraft aussteigen, das von der Kohlekommission vorgeschlagene Aus erst 2038 sei indiskutabel, sagen sie. Noch in diesem Jahr solle jedes vierte deutsche Kohlekraftwerk vom Netz gehen. Der Staat müsse aufhören, fossile Energien zu subventionieren, und stattdessen eine Steuer auf Treibhausgasemissionen erheben, laut Umweltbundesamt seien 180 Euro pro Tonne Kohlendioxid angemessen. Bis 2035 müsse die Bundesrepublik dann ihre Energieversorgung vollständig auf erneuerbare Energien umstellen, und spätestens in jenem Jahr müsse auch die Netto-Null stehen, es müsste also jeder Ausstoß von Treibhausgasen vermieden oder kompensiert werden.

Die Jugendlichen sind keine Medienprofis, sie lesen ihren Text ab und sind sichtlich aufgeregt, doch sie haben ein

Gespür für starke Bilder. Hinter ihnen, im Blickfeld aller Kameras, stehen Skelette ausgestorbener Urzeitechsen, allen voran ein 150 Millionen Jahre alter Brachiosaurus, das größte montierte Dinosaurierskelett der Welt. „Es gibt keine bessere Ausstellung, die dazu spricht, wie es sich anfühlt, durch Klimawandel, durch Veränderung der Umwelt ausgestorben zu sein", sagt Museumsgeneraldirektor Johannes Vogel zur Begrüßung. „So, glaube ich, will keiner enden."

Und die Medien berichten. Der Sender *Phoenix* überträgt die Pressekonferenz live. Die *Tagesschau* um 20 Uhr räumt den Schülerinnen und Schülern immerhin 35 Sekunden ein, das *Heute Journal* widmet ihnen später am Abend mehrere Minuten. Die *Süddeutsche Zeitung* hebt ein Foto der Jugendlichen vor den Saurierskeletten auf ihre Titelseite, die konservative *Frankfurter Allgemeine* geht in ihrem Wirtschaftsteil ausführlich auf den geforderten Kohleausstieg ein. Der Reporter der *Welt* hat zwar erkennbar Mühe damit hinzunehmen, dass sich Jüngere erdreisten Erwachsene zu schelten, die marktliberal orientierte Zeitung räumt den Forderungen aber mehr als eine halbe Seite in ihrem Politikteil ein. *Spiegel Online* rechnet umgehend nach, was die Forderungen von „Fridays for Future" wohl für die Verbraucher kosten würden. Und *RTL.de* interessiert sich zwar nicht einmal ansatzweise für die Forderungen der Jugendlichen, berichtet aber trotzdem: „Das sind die deutschen Klimarebellen".

ERKLÄRUNGSVERSUCHE

Wie kann das sein? Wie hat es „Fridays for Future" geschafft, das Thema Klimaschutz selbst bei denjenigen auf die Tagesordnung zu setzen, die davon gar nichts wissen wollen? Wie ist einer Schar von politisch meist unerfahrenen Jugendlichen gelungen, woran etablierte Umweltschutzverbände und Wissenschaftler jahrelang gescheitert sind? Wie konnten sie so viel Interesse wecken – an einem Forderungskatalog, den nicht etwa Profis formuliert haben, sondern etwa 100 Studentinnen und Studenten, Schülerinnen und Schüler in einer Arbeitsgruppe, von der vorher kaum ein Außenstehender wusste, dass es sie überhaupt gibt? Und das alles binnen derart kurzer Zeit? Als sich die Schüler vor die Dinosaurierskelette setzen, sind seit den ersten Demonstrationen in Deutschland lediglich 115 Tage vergangen.

Soziologen und Politologen, Jugendforscher und Wirtschaftsethiker, Kommunikationswissenschaftler und sogar Theologen sind diesen Fragen nachgegangen. Und zumindest eines scheint klar: Eine einfache oder gar monokausale Erklärung gibt es nicht.

Der Versuch, „Fridays for Future" zu verstehen, muss bei der Ausgangslage ansetzen. Und hier zeigt sich: Die Zeit war offensichtlich reif.

Bereits in den Jahren vor den Schulstreiks drängte der Klimaschutz als Thema immer wieder in die Öffentlichkeit, wenn auch stets nur vorübergehend. Im Juni 2015 etwa erregte Papst Franziskus Aufsehen mit seiner Umwelt-Enzyklika „Laudato si'", in der er im Grunde dasselbe forderte wie nun „Fridays for Future", nämlich den Ausstieg aus der Nutzung fossiler Energien. Die Energiewende sei eine moralische Notwendigkeit, schrieb der Papst. Ein halbes Jahr später feierten Medien und Politiker den Durchbruch bei der Klimakonferenz der Vereinten Nationen in Paris. Im Juli 2017 kochte das Thema erneut hoch: US-Präsident Donald Trump kündigte an, aus dem Pariser Abkommen auszusteigen, ein herber Schlag für den Klimaschutz. Zwei Monate später dann tobten im Westatlantik ungewöhnlich viele verheerende Wirbelstürme; die Hurrikans Harvey, Irma und Maria richteten Milliardenschäden an, forderten Tausende Todesopfer und warfen die Frage auf, welchen Anteil der Klimawandel an diesen Katastrophen hat.

Speziell in Deutschland spitzte sich die Debatte 2018 zu. Das gesamte Jahr war außergewöhnlich warm und trocken, Sorgen vor der Erderwärmung wurden laut. Und im September räumte die nordrhein-westfälische Polizei Baumhäuser von Umweltschützern im Hambacher Forst. Der Energiekonzern RWE sollte den Wald roden können, um Braunkohle abzubauen. Die Proteste eskalierten. Am 19. September stürzte ein Journalist von einer Hängebrücke im Wald in den Tod. Im Oktober beendete schließlich das Oberverwaltungsgericht Münster die Räumung. Bei einer Demonstration am 6. Oktober, zu der mehrere Umweltschutzorganisationen aufgerufen hatten, protestierten 50 000 Menschen am Hambacher Forst gegen die Kohleindustrie.

In einer repräsentativen Umfrage des Meinungsforschungsinstituts Infratest-dimap für den ARD-Deutschland-Trend erklärten im Oktober 2018 fast drei Viertel der Befragten, sie seien weniger oder gar nicht zufrieden mit der Klimapolitik der Bundesregierung. Ebenso viele verlangten mehr Einsatz für den Klimaschutz – das wünschten sich sogar 49 Prozent der Sympathisanten der rechtsextremen AfD, obwohl diese den Einfluss des Menschen auf das Klima leugnet. Und auf die Frage, was das wichtigste Thema im Zusammenhang mit Braunkohle sei, antworteten 84 Prozent nicht etwa „Versorgungssicherheit" oder „Erhalt von Arbeitsplätzen", sondern „Klimaschutz". Demnach war zwei Monate später, als die ersten Schülerinnen und Schüler in Deutschland mit „Fridays for Future" auf der Straße standen, bereits eine Mehrheit der Deutschen überzeugt: Die Jugendlichen haben grundsätzlich Recht. Und auf die Bundesregierung ist kein Verlass.

Warum es dann ausgerechnet die junge Generation gewesen ist, die sich für den Klimaschutz mobilisieren ließ, dafür haben Wissenschaftler eine ganze Reihe von Gründen identifiziert. Der erste von diesen heißt Greta Thunberg: Die junge Schwedin hat ihren Streik schließlich als Schülerin begonnen, und sie hat gezielt Schülerinnen und Schüler in aller Welt dazu aufgerufen, es ihr gleichzutun. Mehr noch: Sie hat „Fridays for Future" zu einem Protest ihrer Generation gegen die Älteren erklärt. Die Jugend der Demonstranten gehört also gewissermaßen zum Konzept. Greta Thunberg hat den Jugendlichen zudem die Scheu davor genommen aufzustehen: Durch ihr eigenes Vorbild hat sie allen Gleichaltrigen vor Augen geführt, dass sie keineswegs machtlos sind, nur weil sie noch nicht wählen dürfen.

Ein zweiter Grund ist, dass der Umweltschutz eines der großen Themen ist, die traditionell gerade Jugendliche besonders stark umtreiben – das sagt zum Beispiel Martina Gille vom Deutschen Jugendinstitut. Im Gespräch mit Aktivisten bestätigt sich das; viele der Älteren unter ihnen sagen, sie seien schon lange vor Thunbergs Schulstreik für den Klimaschutz sensibilisiert gewesen. Viele Jüngere hingegen berichten, sie hätten das Thema erst durch „Fridays for Future" entdeckt – oder etwa auch über das Video „Die Zerstörung der

CDU" von Rezo. Der YouTuber, der für seine Kanäle ansonsten meist Klamauk- und Musikvideos produziert, hatte im Mai 2019, kurz vor der Europawahl, eine Polemik gegen die Sozial- und Klimapolitik von Union und SPD veröffentlicht, die bis Ende Juli 2019 bereits mehr als 15 Millionen Mal abgespielt worden ist. Die Regierungsparteien würden wissenschaftliche Erkenntnisse ignorieren und Kohlekonzerne begünstigen, heißt es darin. Außerdem solidarisierte sich Rezo mit den Demonstranten von „Fridays for Future", die respektlos als Schulschwänzer diffamiert würden. Der YouTuber nahm später selbst an einer der Demonstrationen teil.

Rezos Beispiel illustriert: Soziale Medien wie YouTube oder auch Instagram erleichtern es den Jugendlichen, sich nicht nur untereinander zu vernetzen, sondern auch Gleichgesinnte innerhalb ihrer Lebenswelt und Altersgruppe zu mobilisieren. Und das Angebot von „Fridays for Future" kommt auch deshalb speziell Jugendlichen entgegen, weil es niederschwellig ist: Die Bewegung ist keine Partei, sie verlangt keine Gebühren und keine Präsenz, sie verpflichtet zu nichts und bleibt sich treu. Es geht ausschließlich um den Klimaschutz.

Dass es vor allem die Jungen sind, die auf die Straße gehen, hat umgekehrt zum Erfolg der Bewegung beigetragen. „Fridays for Future" spielt souverän die Vorteile einer Jugendbewegung aus: Ihre Kundgebungen sind kreativ, bunt und abwechslungsreich, ihr Protest wirkt unschuldig und aufrichtig. Kindern, die ihre eigene Schulbildung dem Klimaschutz opfern, lässt sich schwerlich nachsagen, in Wahrheit selbstsüchtige wirtschaftliche Interessen zu verfolgen. Im Gegenteil: Kinder, die klagen, sie würden um ihre Zukunft betrogen, weil die Regierung sich nicht an ihre eigenen in Paris gegebenen Versprechen hält, wecken Sympathien. Kinder wirken schwach, viele Erwachsene verspüren den Drang, sie zu beschützen. Wer die Schwachen dagegen attackiert oder gar von oben herab behandelt wie FDP-Chef Christian Lindner, der wirkt, gelinde gesagt, unsouverän.

Hinzu kommt: Obwohl sich „Fridays for Future" zum großen Teil aus politisch wenig erfahrenen Jugendlichen zusammensetzt, ist die Bewegung zwar umständlich, aber effektiv organisiert. Weil keine Posten zu vergeben sind, hält sich die interne Konkurrenz in Grenzen. Die Ortsgruppen achten darauf, dass sich niemand auf Kosten der Bewegung profiliert. Es gibt keine großen Richtungskämpfe, weil ausschließlich der Klimaschutz zählt. Und weil Zehntausende Wissenschaftler den Jugendlichen den Rücken stärken, lässt sich der Protest auch nicht als gut gemeint, kindlich oder naiv abtun. „Fridays for Future" hat in der Sache schlichtweg Recht.

Das Beispiel der Wissenschaftler zeigt auch: „Fridays for Future" ist es trotz der Rhetorik vom Aufstand der jungen Generation gegen die Älteren gelungen, in die Breite zu wachsen und Menschen zu mobilisieren, die nicht zur ursprünglichen Zielgruppe gehören. An den Demonstrationen beteiligen sich nicht nur „Scientists", „Parents", „Doctors", „Artists" oder „Entrepreneurs for Future", sondern auch viele weitere Erwachsene, die sich zu diesem Zweck nicht eigens zu spezifischen Gruppen zusammengeschlossen haben. Umweltorganisationen wie zum Beispiel der Bund für Umwelt und Naturschutz, „Plant for the Planet" oder Greenpeace greifen den Schülerinnen und Schülern logistisch unter die Arme. Bürgerinitiativen schließen sich regelmäßig den Demonstrationszügen an. Und auch die beiden großen christlichen Kirchen mit ihren Netzwerken, die tief in die Gesellschaft hineinreichen und nicht zuletzt konservative Schichten ansprechen, stehen hinter den Jugendlichen. Die Umwelt-Enzyklika des Papstes hat die Richtung gewiesen. Die katholische Laienbewegung „Wir sind Kirche" hat zu Pfingsten 2019 alle Christinnen und Christen explizit dazu aufgerufen, „Fridays for Future" zu unterstützen. „Nehmen wir massiv Einfluss auf die Politik und die Unternehmen! Ändern wir unser Konsumverhalten! Wir alle sind gefordert, jetzt zu handeln, es ist höchste Zeit!" Vertreter des Bundes der Deutschen Katholischen Jugend gehen freitags ebenso auf die Straße wie Angehörige der Evangelischen Jugend. Und beim Evangelischen Kirchentag in Dortmund gehörte der Klimaschutz im Juni 2019 zu den zentralen Themen. Die Berliner „Fridays for Future"-Organisatorin Luisa Neubauer rief dort den versammelten Protestanten zu, sie sollten sich den Protesten anschließen. Und der Ratsvorsitzende der Evangelischen Kirche in Deutschland und bayerische Landesbischof Heinrich Bedford-Strohm forderte in Dortmund eine Steuer auf Kohlendioxid.

Dass der Protest der Jugendlichen derart anschlussfähig ist, liegt auch daran, dass ihre Forderungen nicht nur radikal, sondern paradoxerweise auch moderat sind. „Fridays for Future" will zwar einen Umbau der Energieversorgung oder auch des Verkehrs mit weitreichenden Folgen. Doch im Kern fordert die Bewegung lediglich ein, was selbstverständlich sein sollte, nämlich dass sich die Politik an jene Vereinbarungen hält, die sie im Winter 2015 in Paris selbst getroffen hat, und die in Deutschland der Bundestag längst ratifiziert, also demokratisch legitimiert hat. „Fridays for Future" pocht lediglich auf Vertragstreue – und dass zu diesem Zweck jetzt drastische Schritte notwendig sein werden, liegt daran, dass die vereinbarten Klimaziele in der Vergangenheit so lange missachtet worden sind. Die Chance, einen sanfteren Übergang zu organisieren, ist verstrichen.

Gewiss: Dazu, dass sich all diese Erwachsenen hinter die Jugendlichen stellen, wäre es gar nicht erst gekommen, hätte der Protest zunächst von Greta Thunberg, später von „Fridays for Future" nicht von Beginn an ein enormes Echo in den Massenmedien gefunden – ein Echo, dass die Aktivisten wiederum motiviert hat, ihren Protest fortzuführen.

Aus kommunikationswissenschaftlicher Sicht ist das nicht schwer zu erklären, denn der Protest der Schülerinnen und Schüler bündelt nahezu alle sogenannten Nachrichtenfaktoren, an denen sich Journalisten mal mehr, mal weniger bewusst bei der Auswahl und Gewichtung von Themen orientieren. Kundgebungen in der Innenstadt sind von sich aus auffällig. Das Mittel des Schulstreiks ist anfangs überraschend gewesen, es ist bis dato noch außergewöhnlich, und dass die Jugendlichen in zivilen Ungehorsam treten, ist überdies konfliktträchtig. Journalisten erzählen Geschichten gerne anhand von Personen – und mit Greta Thunberg steht nicht nur eine geeignete Heldin hinter „Fridays for Future", sondern auch eine derart faszinierende Persönlichkeit, dass viele Medien geradezu zwanghaft die Berliner Organisatorin Luisa Neubauer zur „deutschen Greta" ausriefen. „Fridays for Future" demonstriert außerdem dezentral, das macht die Bewegung interessant für Lokalredaktionen. Auf der Straße stehen gewöhnlich wirkende Kinder und Jugendliche aus bürgerlichen Elternhäusern, keine vermummten Globalisierungskritiker; diese kulturelle Nähe erhöht bei Journalisten und Rezipienten das Gefühl persönlicher Betroffenheit. Mit ihrer Forderung nach mehr Klimaschutz haben die Aktivisten zudem einer großen Mehrheit der Deutschen, also auch der Journalisten, aus der Seele gesprochen. Der jugendliche Charakter der Proteste erzeugt zusätzlich

Sympathie, gleichzeitig sorgt die Furcht vor der Klimakatastrophe für einen Schuss medienwirksamer Negativität. Die Geschichte der von der Politik verratenen Kinder lässt sich leicht erzählen, die Rollen von Gut und Böse lassen sich klar verteilen. Weil die Schülerinnen und Schüler unter anderem vor dem Kanzleramt in Berlin sowie vor den Bundesministerien für Wirtschaft und Verkehr demonstrierten, war von Beginn an auch Prominenz im Spiel. Und sogar der Termin der Kundgebungen liegt günstig. Wer es auf eine Berichterstattung in einer der oft reichweitenstärkeren Wochenendausgaben einer Tageszeitung abgesehen hat, für den gibt es keine bessere Zeit für einen Schulstreik als Freitagmittag.

Endgültig zum Durchbruch verholfen hat „Fridays for Future" in Deutschland jedoch die öffentliche Diskussion um das Schulschwänzen. Die Anfeindungen lenkten zwar zunächst vom Thema der Kundgebungen ab, statt um den Klimaschutz kreiste die Debatte um die Schulpflicht und die letztlich rein akademische Frage, ob Schüler tatsächlich im Wortsinn streiken können. Auch Journalisten leisteten dem Vorschub: Statt in den Umweltministerien riefen die meisten erst einmal in den Schulministerien an. Doch die Auseinandersetzung hielt den Schulstreik trotzdem in den Medien präsent, und das umso mehr, als die Schulen auf die Herausforderung insgesamt chaotisch reagierten und immer noch reagieren.

Denn die Schulministerien der einzelnen Bundesländer machen keine klaren Vorgaben. Die meisten verweisen schlicht darauf, dass die Schulpflicht existiere. Welche Konsequenzen eine Schule tatsächlich zieht, ob die fehlenden Schüler nachsitzen und Strafarbeiten schreiben müssen, ob sie Verweise erhalten oder lediglich ermahnt werden, liegt in der Verantwortung des jeweiligen Schulleiters. Was einem Schüler droht, der mit „Fridays for Future" auf die Straße geht, hängt davon ab, welche Schule er besucht. Und so entstehen zwangsläufig viele kleine lokale Konflikte – über die Journalisten dann entsprechend häufig berichten.

Knallhart durchgegriffen haben dabei die wenigsten Schulen. Viele ignorierten den ersten Schulstreik und warteten erst einmal ab, ob es überhaupt ein zweites Mal geben würde. Einige tolerierten den Unterrichtsboykott stillschweigend auch in den folgenden Wochen, andere erteilten Verweise.

Manche Schulleiter haben sich geschickt verhalten. Das katholische Edith-Stein-Gymnasium in München zum Beispiel verdonnerte streikende Schülerinnen dazu, künftig mindestens einmal die schulinterne Umweltgruppe zu besuchen, um dort etwa eine Ausstellung über Plastikmüll zu erarbeiten. Die meisten der zwangsverpflichteten Schülerinnen sind in dieser Umweltgruppe geblieben. Die katholische Ursulinen-Realschule im niederbayerischen Straubing wiederum erteilte Verweise und schickte die betroffenen Schülerinnen zusätzlich zum Baumpflanzen.

Andere setzten nach einer gewissen Zeit auf Abschreckung. Das staatliche Wilhelm-Hausenstein-Gymnasium in München etwa erregte im April 2019 bundesweit Aufmerksamkeit, als der Schulleiter in einem Elternrundbrief ankündigte, seinen bisher wohlwollenden Kurs zu verschärfen. Unentschuldigtes Fehlen werde künftig mit Ordnungsmaßnahmen, also etwa Verweisen, sowie „möglicherweise" auch von der städtischen Bußgeldstelle geahndet. Seine Schule könne sich ja nicht dauerhaft gegen das Gesetz stellen, erklärte der Schulleiter. Doch als nach einem ersten Bericht in der *Süddeutschen Zeitung* Journalisten und Kamerateams die Schule belagerten, als zunächst lokale, später auch überregionale Medien berichteten und schließlich gar die AfD den Schulleiter in den sozialen Medien für sein Durchgreifen gegen die „zwischen Einwegbecher, Plastiklöffel und Smartphone sich selbst inszenierenden Schulschwänzer" lobte, steuerte das Wilhelm-Hausenstein-Gymnasium um. Der Schulleiter sprach von einem Missverständnis, und die Schule etablierte einen Klima- und Umweltschutztag, in dessen Rahmen sich Schülerinnen und Schüler ab der neunten Jahrgangsstufe sogar vom Unterricht befreien lassen durften, um zu einer „Fridays for Future"-Kundgebung zu gehen.

Bußgelder wegen „Fridays for Future" sind indes nicht vom Tisch. Im Juli 2019 erhielten vier Familien in Mannheim Bußgeldbescheide der Stadt über jeweils 88,50 Euro. Ihre Kinder hatten im Mai für einen Klimastreik jeweils zwei Stunden lang den Unterricht geschwänzt, das Mannheimer Sophie-Scholl-Gymnasium hatte sie daraufhin angezeigt. Erneut griffen Medien in ganz Deutschland den Fall auf – und die Stadt Mannheim ruderte schließlich zurück. Der Bußgeldstelle sei nicht bewusst gewesen, dass es um einen Klimastreik gegangen sei, erklärte sie. Die Familien mussten nicht bezahlen.

Je schärfer der Gegenwind, desto mehr stößt „Fridays for Future" auf Solidarität. Der Europaabgeordnete Martin Sonneborn („Die Partei") formulierte bereits Ende Februar 2019 ein Blanko-Entschuldigungsschreiben. Darin hieß es, der Schülerin oder dem Schüler sei unwohl gewesen. „Allerdings nicht etwa beim Gedanken an ihre/seine (und Ihre!) Zukunft in einer vollständig zerstörten, verseuchten, erschöpften und abgenutzten Welt, nein, nein!" Es habe sich um ein ganz privates Unwohlsein gehandelt. „Alles andere wäre ja noch schöner! Und überhaupt." Im April richtete die GLS-Bank ein eigenes Spendenkonto ein, um Familien zu unterstützen, die wegen des Schulstreiks zur Kasse gebeten werden.

Doch „Fridays for Future" ließ sich ohnehin nicht beeindrucken. Die Bewegung hat sich auf die Drohungen eingerichtet. Sie vermittelt Schülern Rechtshilfe, wenn ihnen Geldbußen angedroht werden. Sie rät dazu, Lehrer und Direktoren darauf hinzuweisen, dass es zu den Aufgaben einer Schule gehöre, die Schüler zu staatsbürgerlicher Verantwortung zu erziehen. Und sie bietet auf ihrer Webseite auch einen Entschuldigungsschreiben-Generator an, in den Eltern nur noch den Namen ihres Kindes, die Klasse, den Zeitpunkt der Demonstration und das jeweilige Bundesland eingeben müssen. Sie erhalten dann einen automatisch erstellten Entschuldigungstext, der nicht nur auf das vom Grundgesetz verbriefte Recht auf Demonstrationsfreiheit verweist, sondern auch auf jeweils einschlägige Landesgesetze.

SCHÖNE WORTE

Zurück im Berliner Naturkundemuseum, zu den Dinosaurierskeletten, zur Pressekonferenz von „Fridays for Future". Sie wollten nun endlich über Inhalte reden, nicht mehr über das Schwänzen, sagen die vier Aktivisten vor den versammelten Journalisten. Die Bewegung habe seit Dezember bereits eine unvorstellbare Größe erreicht, erklärt der 15-jährige Linus Steinmetz. Und sie entfalte Wirkung, nicht nur auf die Politik, sondern auch auf die Menschen, gerade auf die jüngeren. „Wir sind froh", sagt er, dass diese „durch uns in ihrem Handeln beeinflusst werden".

Doch wie weit reicht dieser Einfluss wirklich? „Fridays for Future" hat dazu beigetragen, dass Deutschland intensiv wie nie über den Klimaschutz diskutiert. Doch ändern die Menschen nun tatsächlich ihr Verhalten? Im Sommer 2019 ist das noch nicht abzusehen.

Natürlich gibt es die Umfragen.

Im März 2019 ermittelte die Forschungsgruppe Wahlen für das ZDF-Politbarometer, dass zwei Drittel der Deutschen „Fridays for Future" unterstützen. Im April waren 37 Prozent der Befragten der Auffassung, dass die Regierung auf die Schülerinnen und Schüler reagieren und mehr für den Klimaschutz tun werde. Im Juni sahen das sogar 51 Prozent so.

Im Juli 2019 ergab eine Umfrage von Infratest-dimap für den ARD-Deutschland-Trend, dass 68 Prozent der Befragten eine Steuer auf Kerosin für sinnvoll halten, 64 Prozent waren für einen schnelleren Ausstieg aus der Kohlekraft. Das sind hohe Werte – doch was, wenn es an den eigenen Geldbeutel ginge? Für eine generelle Steuer auf Kohlendioxidemissionen sprachen sich nur 39 Prozent aus. Das waren mehr als zwei Monate zuvor; im Mai plädierten nur 34 Prozent für die Abgabe. Eine Mehrheit aber war es nicht.

Das Institut YouGov ermittelte im Auftrag des Handelsblatts Ähnliches: Demnach waren nur 14 Prozent der Befragten uneingeschränkt für die Einführung einer Steuer auf Treibhausgasemissionen. 28 Prozent sagten, sie seien nur dafür, wenn Bürger mit niedrigen Einkommen nicht mehr bezahlen müssten als jetzt. Und weitere 13 Prozent waren der Meinung, eine solche Steuer dürfe Privatpersonen grundsätzlich gar nichts kosten.

Ein Samstag im Juli, eine Zugfahrt von München nach Landshut in Niederbayern. Die Gleise verlaufen parallel zur Autobahn, der Regionalexpress benötigt für die rund 70 Kilometer etwa eine Dreiviertelstunde. Zwei junge Männer Mitte 20 unterhalten sich lautstark über ihre Urlaubspläne, der Zug ist gut gefüllt, das Gespräch lässt sich dennoch nicht überhören. Die Bahn wirbt derzeit für Urlaub in Deutschland: Statt zum Beispiel nach Arizona zu fliegen, könne man genauso gut auch nach Rheinland-Pfalz fahren, legt eine Anzeige nahe. Das sei nicht nur günstiger, sondern verursache auch weniger Kohlendioxidemissionen. „Spar dir den Flug!" Die beiden Fahrgäste aber zieht es in die Ferne, sie sprechen über eine ausgedehnte Reise durch Südamerika, von einem Ort zum nächsten geht es mit dem Flugzeug. Dem, was sie sagen, ist zu entnehmen: Der genaue Reiseplan wird davon abhängen, was die Flüge kosten.

Die Forschungsgemeinschaft Urlaub und Reisen erstellt jährlich eine große Analyse über das Reiseverhalten der Deutschen. Die Urlaubsstimmung für 2019 sei positiv, heißt es in der jüngsten Studie. Und im vergangenen Jahr sei nicht nur die Zahl der längeren Urlaubsreisen gestiegen, sondern die Deutschen reisten auch häufiger mit dem Flugzeug; der Anteil stieg um einen Prozentpunkt auf 41 Prozent. Die Bahn landet in dieser Liste mit fünf Prozent der Reisen auf dem letzten Platz. Und es gaben zwar 57 Prozent der Befragten an, bei der Urlaubsplanung würden sie darauf achten, dass ihre Reise möglichst sozial verträglich, ressourcenschonend oder umweltfreundlich sei. Doch nur zwei Prozent der Flugreisenden dachten daran, den durch ihren Urlaub verursachten Kohlendioxidausstoß mit Geld an den Klimaschutz zu kompensieren. Die Forschungsgemeinschaft stellt fest: „Die Lücke zwischen nachhaltiger Einstellung und nachhaltigem Verhalten auf Urlaubsreisen ist weiterhin sehr groß.“

Ändert sich das?

Tina Bonertz von den Münchner „Parents for Future“ sagt, sie erlebe durchaus, dass im Privaten mehr über Klimaschutz geredet werde, auch wenn es unangenehm sei. Unter Freunden und Nachbarn werde zum Beispiel darüber gesprochen, dass Fliegen schädlich sei, und dass große Autos die Stadt verstopfen. Das sei neu, das habe man sich vor den Protesten von „Fridays for Future“ eher verkniffen. Aber bleiben Flugzeuge deshalb am Boden?

Bisher scheint es nicht so. Der Frankfurter Flughafen, Deutschlands größter Airport, meldete am 30. Juni 2019 einen neuen Rekord: 241 228 Passagiere wurden hier binnen eines Tages abgefertigt, so viele wie noch nie. Der Münchner Flughafen, Deutschlands Nummer zwei, sprach Anfang Juli ebenfalls von neuen Höchstzahlen, allem Gerede über Flugscham zum Trotz. Im ersten Halbjahr 2019 reisten demnach 22,7 Millionen Flugpassagiere über München, fünf

Prozent mehr als im Vorjahr. Immerhin: Laut ARD-Deutsch-land-Trend wollten Ende Juli 23 Prozent der Deutschen künftig seltener fliegen. Fast zwei Drittel gaben allerdings an, sie wollten nichts an ihrem Flugverhalten ändern. Und elf Prozent kündigten gar an, sie würden künftig eher häu-figer ins Flugzeug steigen als bisher.

Womöglich braucht ein gesellschaftlicher Bewusstseins-wandel Zeit, und es ist im Sommer 2019 schlicht noch zu früh, um bereits nach messbaren Folgen von „Fridays for Future" zu fragen. Eins aber ist schon jetzt klar: Gänzlich wirkungslos geht der Protest nicht vorüber. Im Juli 2019 sagte Mohammed Barkindo, der Generalsekretär der OPEC, der Organisation erdölexportierender Länder, die Schulstreikbewegung sei die „vielleicht größte Bedrohung für unsere Industrie in der Zukunft". Zumindest die Erdöl-industrie haben die Schülerinnen und Schüler nervös ge-macht.

Gemessen an Worten hat „Fridays for Future" auch in Deutschland bereits viel bewirkt. Das bescheinigte der Be-wegung Mitte Juli Bundeskanzlerin Angela Merkel: Sie ge-stand ein, die demonstrierenden Jugendlichen hätten die Regierung dazu gebracht, entschlossener am Klimaschutz zu arbeiten. „Sie haben uns sicherlich zur Beschleunigung getrieben", sagte sie. Deutschland wolle nicht noch einmal an den eigenen Ansprüchen scheitern. Weil das Land seine Ziele für 2020 wohl verfehlen werde, sei es „umso wichtiger für die Bundesregierung, dass wir die Verpflichtungen 2030 einhalten". Der beste Weg dorthin sei ein Preis für Emissio-nen von Kohlendioxid. Am 20. September wolle das Klima-kabinett ein Maßnahmenpaket vorlegen.

Auch Annegret Kramp-Karrenbauer haben die Aktivisten offenbar beeindruckt. Im Juni 2019 schrieb die CDU-Chefin in einem Gastbeitrag für die *Zeit,* die Menschen könnten „die Kosten unserer Lebensweise nicht länger auf die Zukunft und damit auf kommende Generationen abwälzen". Die Erwartung, mehr für den Klimaschutz zu tun, werde laut und klar formuliert. „Fridays for Future" nannte sie nicht beim Namen, doch wer hier gemeint war, ist klar.

Es herrscht ein anderer Tonfall als noch im Frühjahr, als der Klimaschutz von verschiedenen Unionspolitikern noch geradezu beiläufig mit dem Hinweis auf hohe Kosten beiseitegeschoben wurde, als die Bundesregierung in Europa zu den Bremsern beim Klimaschutz zählte, als der forschungs- und bildungspolitische Sprecher der Unionsfraktion im Bundestag, Albert Rupprecht (CSU), den Schülerinnen und Schülern in der *Welt* ausrichten ließ, es sei „vollkommen inakzeptabel", wenn sie „die Schule schwänzen und gegen Gesetze und Regeln verstoßen, um eigene Vorstellungen durchzusetzen", als CDU-Generalsekretär Paul Ziemiak Greta Thunberg auf Twitter mit „Arme Greta!" verspottete und ihr vorhielt, sie verbreite „pure Ideologie", und als Kramp-Karrenbauer alles auf einen Punkt brachte: „Es bleibt die Tatsache, dass sie dafür die Schule schwänzen."

Doch seitdem haben nicht nur die Schüler Durchhaltevermögen bewiesen. Sondern es gab auch jenen 26. Mai 2019, den Tag der Europawahl. Die Grünen erhielten bei dieser Wahl in Deutschland 20,5 Prozent der Stimmen, fast doppelt so viele wie noch fünf Jahre zuvor. Mehr als eine Million Deutsche, die bei der Bundestagswahl 2017 noch ihr Kreuz bei CDU oder CSU gemacht hatten, liefen zu den Grünen über. Und zehn Tage vor der Wahl hatte der ARD-Deutschland-Trend in einer Umfrage ermittelt, welche Themen wohl die Wahl entscheiden würden – und für 48 Prozent der Befragten war das wichtigste Thema der Umwelt- und Klimaschutz, das waren 28 Prozentpunkte mehr als bei der Europawahl 2014. Wenige Wochen nach der Wahl erklärte Bundeskanzlerin Angela Merkel der Unionsfraktion im Bundestag, es müsse im Klimaschutz endlich „Schluss sein mit Pillepalle". Gemeint war damit offensichtlich ihre eigene bisherige Politik.

Doch Berlin ist nur das eine. „Fridays for Future" will nicht nur die Bundespolitik verändern, die Bewegung richtet sich auch an die Bundesländer und an einzelne Städte. Dutzende Ortsgruppen haben eigene kommunalpolitische Forderungspapiere erarbeitet, in Kempten im Allgäu zum Beispiel, in Ulm, in Karlsruhe, in Frankfurt am Main, in Freiburg, in Bochum oder zuletzt auch in Würzburg. In München haben die Aktivisten einen besonders umfangreichen Forderungskatalog zusammengetragen, es ist ein Rundumschlag. Sie stellen ihn im Juni 2019 vor.

Die Jugendlichen laden in die Münchner Kammerspiele, das städtische Theater an der Maximilianstraße. Mit dem Lift geht es hinauf in die Dachkammer mit ihren großen Fenstern. Nicht nur die Berliner, auch die Münchner haben Sinn für Symbolik: Es ist heiß an diesem Dienstag, und nicht nur die Architektur, auch die Temperatur dort oben erinnert an ein Treibhaus.

31 Forderungen haben die Münchner Klimaschutzaktivisten zusammengetragen. Sie reichen vom Begehren, die Altstadt umgehend von Autos zu befreien, über eine Pflicht für Bauherren, neue Häuser mit Solaranlagen auszustatten, bis zu der Forderung, städtische Investitionen aus klimaschädlichen Industrien abzuziehen, und dem Wunsch nach mehr Bio-Produkten auf dem Oktoberfest. Der öffentliche

Nahverkehr solle massiv ausgebaut und zudem spätestens 2025 kostenlos werden, fordert „Fridays for Future München". Um Autofahrer zum Umsteigen zu bewegen, sollen die Parkgebühren erhöht und eine City-Maut eingeführt werden. Ebenfalls spätestens ab 2025 soll es in der Stadt dann nur noch Fahrzeuge geben, die vor Ort kein Kohlenstoffdioxid ausstoßen, also zum Beispiel elektrisch fahren. Der Radverkehr soll gestärkt werden. Umgekehrt soll der Münchner Flughafen die Start- und Landegebühren dermaßen erhöhen, dass sich Kurzstreckenflüge für die Fluggesellschaften nicht mehr lohnen. Die Aufzählung ließe sich fortsetzen. Sie hätten sich Mühe gegeben, „nicht besonders radikal zu sein, sondern das Maß zu treffen, das notwendig ist, um das 1,5-Grad-Ziel einzuhalten", sagt eine der Autorinnen des Papiers.

Zwei Monate lang haben die Studierenden, Schülerinnen und Schüler an diesem Papier gearbeitet. Sie haben Studien gewälzt und alte Klimaschutzprogramme der Stadt gelesen. Sie haben Wissenschaftler gebeten, den Forderungskatalog abzusegnen; tatsächlich seien die geforderten Maßnahmen „geeignet, einen wesentlichen Beitrag zur Senkung der Treibhausgasemissionen Münchens auf null zu leisten", bestätigt der Physiker Michael Stöhr von den „Scientists for Future". „Sie sind auch allesamt technisch umsetzbar." Zuletzt stimmte das Plenum der Ortsgruppe in einer langen Sitzung basisdemokratisch über jeden Punkt ab.

Zwei Wochen später erklären 125 Münchner Vereine, Verbände, Initiativen und Unternehmen, dass sie die Forderungen der Jugendlichen unterstützen, darunter Banken, Bio-Supermärkte oder auch der Deutsche Alpenverein.

Und die Aktivisten finden Gehör. In den Wochen nach ihrer Pressekonferenz sprechen sie mit dem Münchner Oberbürgermeister und mit nahezu allen im Münchner Stadtrat vertretenen Parteien. Die Treffen seien meist konstruktiv gewesen, heißt es von den Jugendlichen einen Monat später. Die Rathauspolitiker hätten versichert, der Klimaschutz sei ihnen wichtig. Gemessen an Worten haben die Aktivisten also auch in München einiges erreicht. Nun wartet die Ortsgruppe auf konkrete Folgen.

Bleiben die Länder – und an Worten fehlt es auch hier nicht, besonders in Bayern. Ministerpräsident Markus Söder (CSU), seit jeher mit einem feinen Gespür für sich verändernde Stimmungen ausgestattet, hat schon im Frühjahr ein Volksbegehren für mehr ökologische Landwirtschaft kurzerhand übernommen, obwohl seine Partei die Initiative zunächst bekämpft hatte. Dann aber unterschrieben mehr als 1,7 Millionen Bayern, und Söder erklärte, die CSU müsse offener und grüner werden. Im Juni 2019 erklärte Söder dann zum Ärger der Schwesterpartei CDU in einem Zeitungsinterview, Deutschland müsse bis 2030 aus der Kohlekraft aussteigen, nicht erst bis 2038, sonst seien ja die Klimaziele nicht einzuhalten.

Ende Juli ließ Söder dann bei einer Podiumsdiskussion der *Süddeutschen Zeitung* vor Schülern in einem Nürnberger Gymnasium seinen ganzen Charme spielen. Er habe große Achtung vor „Fridays for Future", sagte der Ministerpräsident. Er wisse zwar nicht, ob er selbst als Jugendlicher tatsächlich mitmarschiert wäre. Aber die Jugendlichen würden klar machen, „dass sich im Klimaschutz etwas ändern muss, und zwar mehr als derzeit mancher glaubt". Es sei nun keine Zeit mehr. Schon wenige Tage später legte er nach: Bayern wolle als erstes Bundesland klimaneutral sein, sagte er der *Süddeutschen Zeitung*. Binnen fünf Jahren sollten bayernweit 30 Millionen neue Bäume gepflanzt werden, was immerhin fünf Millionen mehr sind als bisher geplant, er wolle außerdem die bayerischen Staatsforsten ökologischer ausrichten, Solar- und Windkraft ausbauen, öffentliche Gebäude rasch sanieren, Politiker häufiger mit der Bahn reisen lassen statt in ein Flugzeug setzen, den Plastikverbrauch einschränken und den Klimaschutz ins Grundgesetz schreiben. Noch vor der Sommerpause solle ein bayerisches „Klimakabinett" tagen.

Söder legt Tempo vor, zumindest rhetorisch – und das kann er auch deshalb wagen, weil sein Umweltminister bereits seit Beginn seiner Amtszeit im November 2018 sowohl an einem bayerischen Klimaschutzgesetz als auch an einem dazu passenden Maßnahmenpaket arbeitet. Thorsten Glauber von den Freien Wählern ging auch schon früh einen Schritt auf „Fridays for Future" zu – so früh, dass die Aktivisten erst einmal Zweifel hegten, ob er es wirklich ernst meinte. Im Februar lud Glauber Schülerinnen und Schüler für März und April zu zwei Jugendklimakonferenzen nach Erlangen und nach München ein, um zu diskutieren und ins Gespräch zu kommen, und sofort musste er sich des Verdacht erwehren, es handle sich um eine bloße PR-Aktion. Dass dann auch noch ausschließlich Schülerinnen und Schüler eingeladen wurden, jeweils ein Vertreter jeder Schule, aber keine Studierenden und auch keine Delegierten der „Fridays for Future"-Ortsgruppen, machte es nicht besser; letztere durften erst nach Protesten kommen. An der Konferenz selbst übten die Jugendlichen dann auch herbe Kritik, vor allem an der in Erlangen. So gab es etwa kein veganes Essen, und Schüler beklagten sich darüber, dass viel über den privaten Konsum der Jugendlichen gesprochen wurde statt über Klimaschutzpolitik. Außerdem sei die Diskussion stark moderiert und viele kritische Wortmeldungen nicht berücksichtigt worden. Insgesamt habe es kein Gespräch auf Augenhöhe gegeben.

Glaubers Fazit fällt erheblich positiver aus. Es ist ein Nachmittag im Juli 2019, Thorsten Glauber sitzt in der Münchner Landtagsgaststätte vor einer Tasse Kaffee. Er könne den Schulstreik für mehr Klimaschutz nachvollziehen, sagt er. „Seien wir ehrlich. Die wissenschaftliche Expertise liegt auf dem Tisch, und die müssen wir ernst nehmen. Wir müssen auf neue, nachhaltige Technologien setzen. Das ist nichts anderes als moderne Wirtschaftspolitik. Und das Know-how dafür ist längst da, zum Beispiel in der Photovoltaikbranche." Warum der Klimaschutz dann gegen Arbeitsplätze ausgespielt werde? Das verstehe er nicht, sagt er. „Denn wer in den Klimaschutz investiert, schafft viele Arbeitsplätze in wichtigen Zukunftsbranchen."

Was ihn an „Fridays for Future" störe, sei allenfalls die Vorwurfshaltung gegenüber den vorangegangenen Generationen, sagt Glauber. „Den Älteren vorzuwerfen, dass sie den Jüngeren die Zukunft nehmen, ist unpassend." Das sollten die Demonstranten lieber zuhause mit ihren Eltern diskutieren und nicht pauschal als Vorwurf erheben. „Die Generation unserer Großeltern ist schließlich mit einem erheblich kleineren ökologischen Fußabdruck ausgekommen als wir heute."

Mitte April, wenige Tage nach der zweiten Jugendklimakonferenz, hat Glauber den Abgeordneten im bayerischen Landtag Bericht erstattet. Die Konferenzen hätten viel bewirkt, sagte er dort. Die Jugendlichen hätten alles, was sie sich wünschen, vorgebracht. „Sie wollen, dass der ÖPNV stark ausgebaut wird. Sie wollen mehr Fahrradverkehr in den Städten. Sie wollen ein Tempolimit auf Autobahnen. Sie wollen, dass wir bei der Gebäudesanierung vorangehen. Sie finden Solaranlagen auf Dächern gut. Sie wollen die Windkraft in Bayern. Das rufen uns die Teilnehmer der Jugendklimakonferenzen zu", sagte Glauber. Die Aufgabe der Politik sei es nun, zu erklären, was politisch machbar und was umsetzbar ist. Sowohl in Erlangen als auch in München hätten sie die ursprünglich vorgesehene Zeit deutlich überzogen. Es sei eine neue Dialogplattform für die Jugendlichen geschaffen worden. Und in Zukunft werde es weitere Jugendklimakonferenzen geben.

Sein Bericht im Landtag über die Konferenzen sei ein besonderer Moment gewesen, sagt Glauber im Rückblick. „Das war eine der wenigen Reden, in denen ich über viele Fraktionen hinweg Applaus bekommen habe. Das hat man auf der regierenden Seite auch nicht alle Tage." Die Forderungen der Jugendlichen würden nicht verhallen, sondern in sein Maßnahmenpaket zum Klimaschutz einfließen, erklärt der Minister. Mit insgesamt 100 Maßnahmen wolle er das geplante bayerische Klimaschutzgesetz ergänzen. Und auch das Echo unter den Schülern sei erheblich besser gewesen, als es später öffentlich vermittelt worden sei. Bei einer Umfrage habe eine übergroße Mehrheit der Teilnehmer dafür gestimmt, die Konferenzen zu wiederholen.

Doch was ist nun politisch machbar? Die Schüler seien gut vorbereitet gewesen, sagt Glauber. „Man hat gemerkt: Das ist authentisch. Viele von ihnen leben den Klimaschutz." Er habe sich aber auch bemüht, den Jugendlichen zu erklären, dass ein Minister in der Praxis häufig zwischen verschiedenen Zielen abwägen muss. Zum Beispiel bei der Windkraft: Da müsse er sowohl dem Klimaschutz gerecht werden als auch dem Artenschutz – und ein Windrad gefährde womöglich Arten wie Rotmilan oder Uhu. „Da hat eine Schülerin gesagt: Hey,

Minister, bau die Windräder! Aber selbst wenn ich das wollte, der Artenschutz hat natürlich die gleiche Berechtigung. Das kann man nicht einfach vom Tisch wischen." Ob die Schüler das akzeptiert haben? „Wir haben abstimmen lassen, und es hat tatsächlich eine Hälfte dafür gestimmt, das Windrad zu bauen, und die andere Hälfte dagegen", sagt der Umweltminister. „Sie haben verstanden, dass ich oft nur Fünf-Zentimeter-Schritte machen kann, obwohl ich fünf Meter weit springen will. Aber viele Fünf-Zentimeter-Schritte bringen halt auch ein Ergebnis."

Thorsten Glauber sagt, er erkenne deutlich einen Bewusstseinswandel in der Gesellschaft, angefangen bei den Demonstranten selbst. „Sie haben völlig andere Prioritäten. Für unsere Generation war es zum Beispiel mit 18 Jahren für die persönliche Freiheit ganz wichtig, ein eigenes Auto zu haben. Diese Vorstellung haben die Jugendlichen nicht mehr. Was für mich das Auto war, ist für sie eher ein cooler Laptop, ein Tablet, ein Handy, vielleicht auch eine Bahncard oder ein hippes Rad in Kombination mit einem leistungsfähigen öffentlichen Nahverkehr." Doch auch jenseits der Jugendlichen bemerke er ein Umdenken. „Ich bin gerne in der Natur unterwegs und stelle immer wieder fest, dass die Landesteile Bayerns sehr angesagt sind. Ein Wochenende im eigenen Outback ist hip! Viele Menschen haben gemerkt: Ich fliege ständig durch die Welt – und dabei ist es vor meiner Haustür eigentlich so schön." Und nicht zuletzt er selbst als Umweltminister werde nun ständig mit „Fridays for Future" konfrontiert. Auch das zeige, welche Wirkung die Schülerinnen und Schüler mit ihrem Schulstreik entfalten. „Ich werde privat und auf vielen Veranstaltungen auf ‚Fridays for Future' angesprochen", sagt Glauber. „Das Thema kommt oft. Und da muss ich schon sagen: Glückwunsch an die Schülerinnen und Schüler, dass sie dieses Thema so weit getragen haben. Das ist ja nicht selbstverständlich."

Zusätzlich zu Söders Klimakabinett und Glaubers Arbeit am Klimaschutzgesetz haben die „Fridays for Future"-Aktivisten im April 2019 ein Klimagremium gebildet, gemeinsam mit Politikern aller Fraktionen aus dem bayerischen Landtag. Das Gremium soll ebenfalls noch 2019 ein Klimaschutzgesetz erarbeiten. Aus dem Umweltministerium heißt es, das sei ein parallel laufendes, unabhängiges Projekt. Aber man sei natürlich stets offen für inhaltliche Vorschläge.

Was tatsächlich geschehen wird, ist im Sommer 2019 völlig offen. Im September und Oktober 2019 sind Landtagswahlen in Sachsen, Brandenburg und Thüringen, allesamt Hochburgen der rechtsextremen AfD, die den Einfluss des Menschen aufs Klima leugnet. Es ist denkbar, dass der Reformeifer in Berlin aus Rücksicht auf Dresden, Potsdam und Erfurt erlahmt. Es ist fraglich, ob die Bundesregierung den Mut haben wird, spürbare Einschnitte zu beschließen und damit zu riskieren, dass womöglich eine Anti-Klimaschutzbewegung entsteht, ein aggressiveres Gegenstück zu den demonstrierenden Schülerinnen und Schülern, eine deutsche Variante der französischen Gelbwesten. Vor dem gleichen Problem stehen Stadträte und Landespolitiker. Und es ist ebenso offen, was langfristig aus „Fridays for Future" werden wird.

„WIR ZÄHLEN AUF SIE."

Dass die Bewegung überflüssig wird, weil ihre Forderungen schnell und konsequent umgesetzt werden, wäre aus ihrer Sicht wünschenswert, ist aber kaum zu erwarten. Ebenso wenig ist davon auszugehen, dass die Schülerinnen und Schüler plötzlich in großer Zahl aufhören werden zu demonstrieren. Doch „Fridays for Future" lebt von der Aufmerksamkeit der Medien, und diese ist flüchtig. Der Schulstreik ist im Januar noch ungewöhnlich und überraschend gewesen, im September ist er bereits ein gewohntes Bild. Wollen die Aktivisten den Druck aufrechterhalten, müssen sie das Interesse wachhalten. Aber wie?

Zunächst müssen sie der Gefahr entgehen, um sich selbst zu kreisen. Im Mai 2019 klagte ein anonymer Aktivist in einem offenen Brief unter anderem über fehlende Transparenz innerhalb der Bewegung sowie über eine Wissenshierarchie zwischen denen, die sich in vielen Arbeitsgruppen engagieren, und den vielen anderen. Im Juli berichtete der *Spiegel* über internen Ärger nach dem internationalen Klimastreik in Aachen: Einer der Organisatoren sei privat auf hohen Kosten sitzengeblieben, nun werde gestritten. Die Organisation von „Fridays for Future" steht offenbar vor einer Belastungsprobe, denn die Offenheit kann auch ein Nachteil sein: Sie ist dezentral und unbürokratisch, bietet den Aktivisten umgekehrt aber auch wenig Sicherheit. Und sie ist riskant: Immer wieder kursieren zum Beispiel Warnungen, Kernkraftlobbyisten wollten „Fridays for Future" unterwandern, um die Atomenergie als klimafreundliche Alternative zu Kohle und Gas wiederzubeleben. Und auch Linksextremisten versuchten wiederholt, den Schwung der Bewegung für ihre eigenen Ziele zu nutzen. Nicht nur, indem sie ihre Fahnen und Logos in die Demonstrationszüge tragen wie jener ältere Mann im Juli in München. Auf Kundgebungen sind auch vereinzelt Sprechchöre wie „A-Anti-Anticapitalista" zu hören. Und im März 2019 gründete eine Splittergruppe großmundig eine „antikapitalistische Plattform" innerhalb von „Fridays for Future", die allerdings wenig Einfluss gewonnen hat.

Die größte Schwierigkeit für die Bewegung werde aber sein, das „Momentum auf Dauer zu stellen", prognostizierten die Protestforscher Dieter Rucht und Moritz Sommer Anfang Juli in der Zeitschrift *Internationale Politik*. Der Zulauf nehme bereits ab, die „Wiederholung des immer Gleichen wird diesen Trend verstärken". „Fridays for Future" brauche neue Ideen. Eine Chance könne sein, den Protest gezielt zu eskalieren. Doch damit riskierten die Aktivisten neben juristischem Ärger auch den Verlust der breiten Sympathie in der Bevölkerung. „Fridays for Future" genießt ja auch deshalb Wohlwollen, weil die Schüler nicht aggressiv auftreten und mit ihrem Schulstreik niemandem schaden außer sich selbst.

Doch was geschieht, wenn die Politik am Ende hinter den Erwartungen der Jugendlichen zurückbleibt? Geben sie sich mit einem Kompromiss zufrieden, auch wenn das geforderte Ziel, die Erderwärmung auf 1,5 Grad Celsius zu begrenzen, damit nicht eingehalten werden kann? Treten sie einen „Marsch durch die Institutionen" an wie einst die 1968er? Tatsächlich berichten mehrere Parteien von spürbarem Druck an der Basis hin zu mehr Klimaschutz, und insbesondere die Grüne Jugend verzeichnet seit Jahresbeginn massiven Zulauf. Doch der Klimawandel wird nicht pausieren, bis Schüler und Studenten von heute in einigen Jahren womöglich auf Regierungsbänken Platz genommen haben. Radikalisiert sich „Fridays for Future"?

Auf welche Weise die Aktivisten auftreten, entscheiden die jeweiligen Ortsgruppen. Und das Potenzial zu konfliktträchtigerem Protest wäre jedenfalls da. Im Januar blockierten zum Beispiel 15-jährige Schülerinnen der Waldorfschule in München-Daglfing inspiriert von „Fridays for Future" frühmorgens den Parkplatz ihrer Schule, damit die Eltern ihre Kinder nicht mehr mit dem Auto in die Schule bringen konnten, sondern diese mit öffentlichen Verkehrsmitteln kommen mussten. Sie seien von den Autofahrern bedrängt und beleidigt worden, erzählten sie. Dennoch hielten sie etwas mehr als drei Wochen lang durch, so lange, bis die Schule mit dem Hinweis auf mögliche Bußgelder durch die Polizei einschritt.

Wiederholt haben „Fridays for Future"-Aktivisten auch bereits sogenannte „Swarming"-Protestformen aufgegriffen – zum Beispiel im Juli in Frankfurt am Main. Dabei teilen sich die Teilnehmer in Gruppen auf, die dann koordiniert zum Beispiel einen Fußgängerüberweg über mehrere Ampelphasen hinweg blockieren, um den Verkehr zum Erliegen zu bringen und die Autofahrer aus ihrem Alltag zu reißen.

„Swarmings" sind eigentlich die Domäne von Gruppen wie „Extinction Rebellion". Diese Bewegung ist im Oktober 2018 im englischen Bristol entstanden und wächst rasch; sie setzt auf gewaltfreien zivilen Ungehorsam. Die Aktivisten blockieren etwa Straßen oder Brücken, sie ketten sich an Zäune oder Häuser oder lassen sich auch einmal bei einem „Die-in" an belebten Orten auf Kommando wie tot zu Boden fallen, um die Passanten zu irritieren. „Extinction Rebellion" und „Fridays for Future" sind unterschiedliche Bewegungen, aber sie stehen sich nah, die Grenzen sind fließend, einige Aktivisten sind in beiden Bewegungen aktiv. Als sich im Juli Aktivisten von „Extinction Rebellion" an das Neue

Rathaus in München ketteten, um gegen den vom Stadtrat geplanten Weiterbetrieb eines Kohlekraftwerks zu protestieren, zeigten die Klimaschützer auch Banner von „Fridays for Future".

„Wir sitzen alle im gleichen Boot", sagt einer von ihnen, der nicht namentlich genannt werden will, weil er zusätzlich auch an Aktionen von „Ende Gelände" teilnimmt, einer Bewegung, die sich bereits 2014 zusammengefunden hat, um gegen die Kohlekraft vorzugehen. Hier gehen die Aktivisten einen weiteren Schritt, blockieren etwa Bahngleise oder ketten sich in einem Tagebau an einem Bagger fest. „Fridays for Future' ist ein Einstieg in den zivilen Ungehorsam", sagt der Aktivist. Beim Schulschwänzen sei die Hemmschwelle noch relativ niedrig. Für andere Protestformen brauche es mehr Mut und Erfahrung. „Fridays for Future" könne die Jugendlichen daran heranführen.

„Fridays for Future" hat sich vor dem großen internationalen Klimastreik in Aachen ausdrücklich mit „Ende Gelände" solidarisiert. Die Aachener Polizei hatte zuvor versucht, einen Keil zwischen die Demonstranten zu treiben und an die Schülerinnen und Schüler appelliert, sich „von gewaltbereiten Gruppierungen" wie „Ende Gelände" fernzuhalten, sich „nicht für illegale Aktionen instrumentalisieren" zu lassen und nicht in die „Strafbarkeitsfalle" zu tappen, „weil Sie glauben sich mit zivilem Ungehorsam für die gute Sache einzusetzen". „Fridays for Future" entschied daraufhin basisdemokratisch, den „Spaltungsversuch gegenüber der Klimagerechtigkeitsbewegung" zurückzuweisen – und machte darauf aufmerksam, dass auch ihr Schulstreik bereits eine Form zivilen Ungehorsams sei. „Das wöchentliche Bestreiken der Schule ist ein bewusst gewählter Regelübertritt. Wir erachten zivilen Ungehorsam als legitime Protestform."

Dass sich „Fridays for Future" und „Ende Gelände" nahestehen, ist hin und wieder auch offen zu hören. Auf den Schulstreiks wird immer wieder „Auf geht's, ab geht's, Ende Gelände" skandiert.

Mittwoch, der 31. Juli 2019: Im Revierpark in Dortmund treffen sich 1700 Aktivisten von „Fridays for Future" zu einem fünftägigen Kongress. Es ist das erste Treffen seiner Art in der Geschichte der Bewegung, eine Gelegenheit für die Jugendlichen, sich persönlich kennenzulernen und zu vernetzen, und es bietet ihnen auch eine Chance zu entscheiden, wie es weitergeht. Die Aktivisten schlafen in Zelten, sie machen gemeinsam Frühsport und hören Musik – und neben Rhetorik-Kursen und Fachvorträgen etwa über den Einfluss des Klimawandels auf die Wasservorräte der Erde besuchen sie Workshops über „kreative politische Aktionen", über Burnout-Prävention von Klimaschutzaktivisten und über „diverse Aktionsformen des zivilen Ungehorsams (inkl. interaktiver praktischer Übung)". Am Freitag unterbrechen einige das Zeltlager und fahren zur Demonstration in die Dortmunder Innenstadt. Unterwegs blockieren sie für mehrere Ampelphasen eine Kreuzung und proben einen „Die-in" vor dem Eingang zu einem Drogeriemarkt; zu sehen sind auch Symbole von „Extinction Rebellion". In einem Modegeschäft dekorieren Aktivisten Schaufensterpuppen um und ziehen ihnen mit Slogans beschriftete T-Shirts über. Vor dem Hochhaus des Energiekonzerns RWE schließlich verteilen Demonstranten kleine Bäume, sie zeichnen ein Herz auf den Boden und schreiben „Erde" darüber. Und sie blockieren den Eingang. Als ein Polizist sie bittet, den Weg freizugeben, weigern sie sich. Erst mit der Zeit räumen sie den Platz. Es rumort. Ein Gebäude zu blockieren ist mehr als ein Schulstreik.

Nachhaltig politisiert seien die Jugendlichen bereits, glaubt die Soziologin Martina Gille vom Deutschen Jugendinstitut. „Die Erfahrungen, die sie mit „Fridays for Future" gemacht haben – die Erfahrung, sich artikulieren zu können, Teil einer Gruppe zu sein und Erfolg zu haben, Auseinandersetzungen mit den Eltern und den Lehrern zu führen, das Knowhow, Demonstrationen zu organisieren" – diese Erfahrung werde lange nachwirken und könne dazu führen, dass die jetzigen Demonstranten auch später politisch aktiver sind.

Welche Erfahrungen das sind, erzählt zum Beispiel Lu Brömer am Rande einer Kundgebung in München. Sie gehört nicht zum Kreis der Organisatoren von „Fridays for Future", dennoch habe sie sich intensiv eingelesen und mit Argumenten gewappnet, erzählt sie – schon um sich gegen Anfeindungen zur Wehr setzen zu können. „Auf der Straße sprechen einen immer wieder Leute an und sagen: Ihr macht alles falsch!", erzählt sie. „Ihr stellt die falschen Forderungen! Ihr müsst erst einmal bei euch selber anfangen! Ihr hängt alle an euren Handys, ihr seid selber Umwelt-Säue."

Sie finde es grundsätzlich gut, wenn jemand konstruktiv Kritik übe, sagt Lu Brömer. Aber es gehe bei „Fridays for Future" eben gerade nicht um die einzelnen Schülerinnen und Schüler. Die Schülerinnen und Schüler gehen nicht auf die Straße, um ihre Mitschüler dazu zu animieren, zuhause Strom zu sparen oder den Müll besser zu trennen. Wenn jeder sein eigenes Verhalten ändern würde, sei das zwar gut, aber zu wenig. „Die Politik muss umsteuern."

Für den 20. September hat „Fridays for Future" zum nächsten globalen Klimastreik aufgerufen. Es soll der Startschuss sein nicht nur für das nächste Schuljahr, sondern auch zu einer weltweiten Aktionswoche zum Klimaschutz. Und in

Deutschland wird sich an diesem Tag entscheiden, wie es weitergeht. Denn am 20. September will auch das Klimakabinett der Bundesregierung seine Vorschläge vorlegen.

Geht es nach „Fridays for Future", dann sollen an diesem Tag nicht nur Jugendliche auf die Straße gehen. „Wir haben das Gefühl, dass viele Erwachsene noch nicht ganz verstanden haben, dass wir jungen Leute die Klimakrise nicht alleine aufhalten können", schrieben mehrere Dutzend Aktivistinnen und Aktivisten um Greta Thunberg im Mai 2019 in einem Gastbeitrag in der *Süddeutschen Zeitung*. Dies sei nun eine Einladung. Denn der Klimawandel sei eine Herausforderung für die gesamte Menschheit. „Am Freitag, 20. September, werden wir mit einem weltweiten Streik eine Aktionswoche für das Klima beginnen. Wir bitten Sie, sich uns anzuschließen." Die Menschen hätten nur zusammen eine Chance. „Wenn uns das wirklich wichtig ist, müssen wir mehr tun als zu sagen, dass das wichtig ist. Wir müssen handeln. Dies wird nicht der letzte Tag sein, an dem wir auf die Straße ziehen müssen, aber es wird ein neuer Anfang sein. Wir zählen auf Sie."

Jakob Wetzel Jahrgang 1982, ist Redakteur der *Süddeutschen Zeitung.* Er hat in München parallel Geschichte und Philosophie sowie später Journalistik studiert und sein Handwerk an der Deutschen Journalistenschule erlernt.

Als Bildungsreporter berichtet er derzeit unter anderem darüber, was Schülerinnen und Schüler umtreibt. Seit dem Beginn der Proteste begleitet er deshalb auch journalistisch die Kundgebungen von „Fridays for Future".

Bildnachweis AFP 37, 44, 47; Alessandra Schellenegger 39; dpa 38, 40, 41, 46, 50; Friendly Power 35; Imago 34, 36, 44, 45; LuB 48/49; Thilo Schmülgen 42/43, 46; Matthias Ferdinand Döring 47; Robert Haas 50